哲学100问

夏阿白 著

中国商业出版社

图书在版编目（CIP）数据

哲学 100 问 / 夏阿白著. — 北京：中国商业出版社，2019.7

ISBN 978-7-5208-0738-8

Ⅰ.①哲… Ⅱ.①夏… Ⅲ.①哲学－问题解答 Ⅳ.①B-44

中国版本图书馆 CIP 数据核字 (2019) 第 077531 号

责任编辑：王彦

中国商业出版社出版发行
010-63180647 www.c-cbook.com
（100053 北京广安门内报国寺 1 号）
新华书店经销
天津兴湘印务有限公司印刷

* * * * *

710 毫米 ×1000 毫米　1/16 开　12 印张　130 千字
2019 年 10 月第 1 版　2019 年 10 月第 1 次印刷

定价：39.80 元

* * * * *

（如有印装质量问题可更换）

目 录
CONTENTS

第一章　人啊，认识你自己

3　　苏格拉底哲学开始关注人

11　　文艺复兴赞美人的价值

19　　中国新文化运动实现人的自由

第二章　唯心主义

27　　物质依赖意识而存在

35　　主观唯心主义

41　　客观唯心主义

47　　绝对唯心主义

第三章　现实主义

55　　现实主义的起源

61　　现实主义的发展

69　　现实主义与理想主义

第四章　东方的哲学：道

77　　《周易》中的"道"

85　　《道德经》中的"道"

| 93 | 《庄子》中的"道" |

第五章　唯物主义

103	物质是唯一现实存在的实体
111	唯物辩证法
119	唯物主义与唯心主义

第六章　黑格尔的辩证法及历史观

| 127 | 黑格尔的辩证法 |
| 135 | 对追根溯源的历史思考 |

第七章　进化论

143	进化论的核心——物竞天择，适者生存
151	进化论对生物进化的影响
159	进化论对人类发展的影响

第八章　实践论

167	马克思主义以前的哲学
175	知难行易与知易行难
181	实践是检验真理的唯一标准

第一章 人啊，认识你自己

苏格拉底哲学开始关注人
文艺复兴赞美人的价值
中国新文化运动实现人的自由

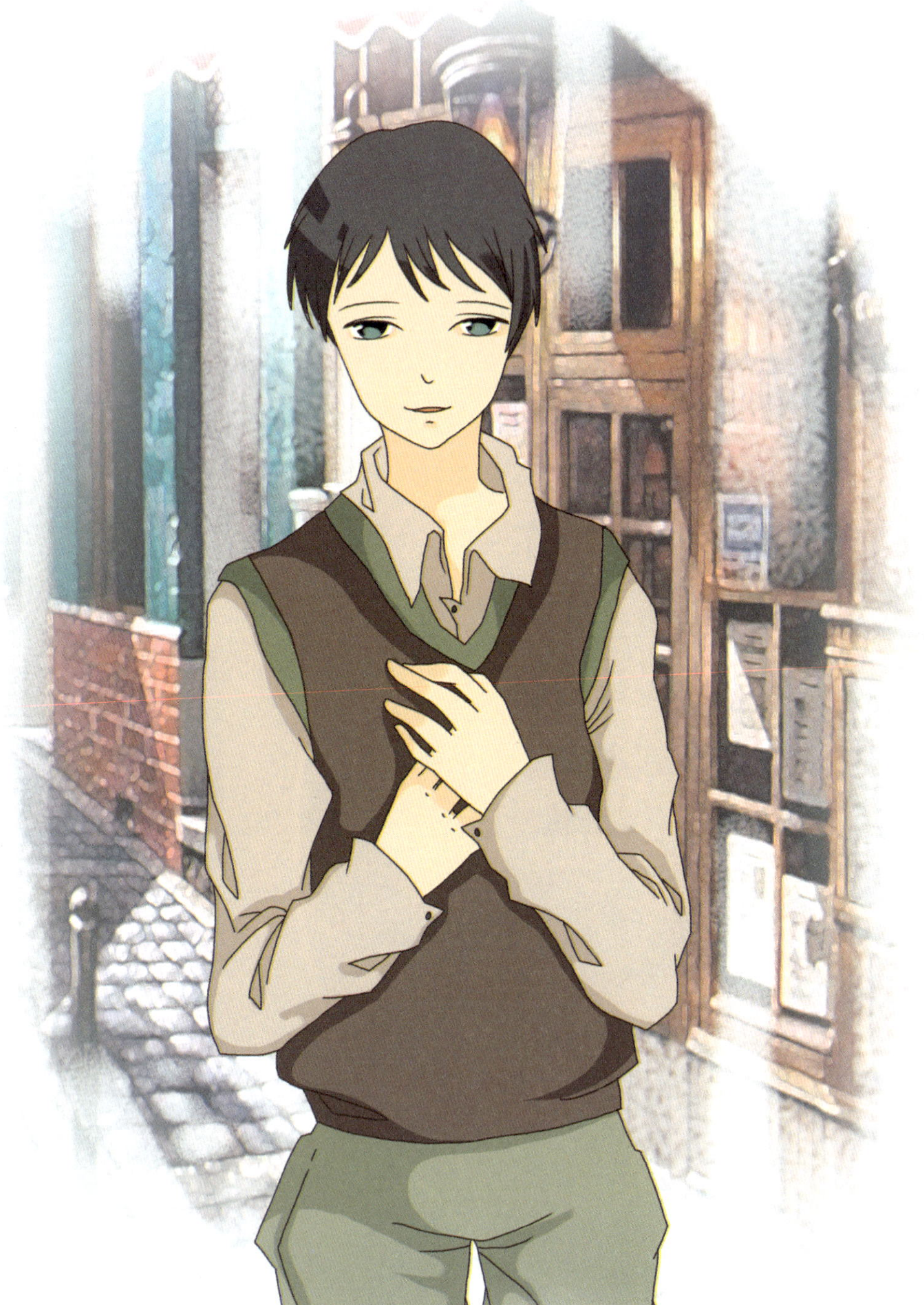

苏格拉底哲学开始关注人

公元前469年，西方思想史上的一个典范性圣贤人物——苏格拉底诞生了。当时的伯里克利正处于黄金盛世，对教育也极为重视和推崇，雅典更是"全希腊的学校"，苏格拉底就出生在这样一个极其重视教育环境的雅典。苏格拉底既非出生于豪门贵族，也非出生于贫贱之家，而是出生于一个普通的自由民家庭。在雅典浓厚的文化氛围中，少年的苏格拉底同样接受了良好的教育。他不仅修习过几何、算术和天文，还跟随伯里克利的老师达蒙学习音乐。

古人云："天将降大任于斯人也，必先苦其心志，劳其筋骨，饿其体肤，空乏其身，行拂乱其所为，所以动心忍性，增益其所不能。"一个人只有在经历磨难之后，才能真正认识到生命的珍贵和人格的严肃性。苏格拉底也是这样，他到死都是一个忠

于雅典城邦的公民，也直接参加过三次军事行动。

第一次，他参加了波提狄亚战争。在柏拉图的《会饮篇》中，阿尔基比亚德这样生动地叙述了苏格拉底在战争中的情景："在军队被困、一切供应几乎被切断时，他赤足履冰一路前行，还单枪匹马杀开一条血路，救出被敌军杀伤的战友。"

第二次，苏格拉底参加了德立安战争。公元前424年，雅典与彼奥提亚人在其近邻德立安发动战争。最终，雅典军队战败。

第三次参战是在公元前422年，苏格拉底参加了在色雷斯进行的安菲波利战争。这时候，苏格拉底已拥有了丰富的军事知识。但是，任何一个国家、民族、城邦，在炮火与危机的苦苦胁迫下，人性的残暴和欲望、权力的相争，都会使原本安宁富饶的生活变得糜烂，希腊也不例外。战争不仅给希腊人民带来了苦难，也使希腊的政治陷入了极度的混乱。对希腊人民来说，战争是一场灾难；而对于那些强者来说，战争却是他们攫取财富的手段。

在霸权的驱使下，统治者们攻城伐地。同时，利欲熏心的统治者们还大肆进行丧尽天良的掠夺与虐杀。这触目惊心的种种恶行，引起了苏格拉底无法遏制的深思。

这场持久的动荡所带来的恐惧激发了人性争夺的欲望，当时遍及希腊的政治行径竟是各城邦内民主派与贵族派之间政治势力的尔虞我诈、互施阴谋和残酷杀戮。苏格拉底经历了安定与磨砺，从生活宽裕到穷苦潦倒。实际上当时大多数人都经历过或者正在经历着这样的生活。人性渐渐堕落，生活准则陡然改变，猛烈的野心和膨胀的私欲成为合理的动机和判断道德的标准。苏格

拉底对自己的国家和民族有着绝对的热爱,更是忠诚于雅典城邦。作为一名才华横溢、有着远见卓识的思想家,他敏锐地察觉到战争已给雅典带来的深刻且难以磨灭的危机。

公元前7世纪至公元前6世纪,哲学家们专注于对自然哲学的研究,重视研究宇宙本原。初期各个学派对宇宙本原的看法各不相同;后期,又提出了"四元素""种子""原子"等概念。苏格拉底早年同样潜心研究自然哲学,诸如天地现象如何生灭;我们是用气、火来思想,或是脑子提供听觉、视觉和嗅觉;动物的组织是否通过热和冷、通过发酵作用来产生等。这些问题在今天看来似乎是无厘头甚至不可理喻,但当时的苏格拉底着实是被这些问题搞得头昏眼花,困惑不已。

但是,面对战争带来的社会危机,苏格拉底开始从精神道德和社会政治方面进行深刻反思:战争带来的危机缘于道德、人性的堕落和政治秩序的混乱,哲学若是单纯研究自然,而不知道人事问题,那么猜测天下的事物将是不务正业,不通人事的人还不如去做快乐的猪。虔诚、正义、智慧、勇敢、善良等德性的定义,统治者的品质,治国的道理,才是亟待解决的问题。

公元前5世纪,古希腊哲学的重心开始从研究自然哲学转移到研究人。自称为"爱智者"的苏格拉底则认为不仅存在客观真理,认识真理也是可能的。而真正的知识需从具体的道德行为中获得,于是苏格拉底提出了道德观——"认识你自己"。

苏格拉底还认为寻求道德定义的方法就是辩论诘难。他是一位孜孜不倦的哲学传道者,出现在街头巷尾,佯装无知,不断

向人们提出各种问题，找人"请教"。有一次，苏格拉底为了教育一个狂妄自负的年轻人，而同他进行了一次机智、生动的交谈。当苏格拉底知道年轻人雄心勃勃，想竞选城邦的领袖时，就问他："一个能担当领袖的人需要有治国、齐家、平定动乱的本领，但一个非正义的人身上会拥有这样的才能吗？"

"当然不会，一个非正义的人连做一个优良公民的资格都不够。"年轻人笃定地回答。

"那么，你觉得什么才是正义，什么又是非正义的行为呢？"苏格拉底继续问道。

"虚伪、欺骗、奴役、偷窃、烧杀抢掠，等等，这些都是不正义的。"年轻人不假思索地举例说。

对此，苏格拉底并没有急于反驳，而是运用相反的具体事例，将这些看似"非正义"的行为予以推倒。

他问年轻人："与敌人作战时，潜入敌方军营，偷听其作战计划，盗窃其作战图，是非正义的行为吗？为了保全陷入绝望的朋友，以防他自杀而偷走他藏在枕头下的刀，难道不应该这样做吗？生病的孩子不肯吃药，母亲就告诉他药就是食物，让他当作饭把药吃下去，使儿子很快痊愈，这固然也是一种欺骗，但这真的是非正义的吗？"

这一连串的问题让年轻人陷入云里雾里。苏格拉底在破除对方对固定定义的成见之后，开始对其进行正面诱导。他又反问年轻人："会不会有一种正确学习和认识正义、美德的方法呢？对于理解正义、美德，和对这些概念只能一概而论、侃侃而谈的人相比，哪种人会做得更好呢？"年轻人对此做了肯定回答，同时接受了苏格拉底的观点。

年轻人是否比对话之前更加了解自己了呢？

苏格拉底对人自身的探讨是从理性主义的原则出发的，他认为"认识你自己"是人类最为重要的知识。

"认识你自己"，就是要有自知之明，知行合一。知道自己有什么能力，适合做什么，不适合做什么。要知道自己的长处有哪些，不足又有哪些，从而做到自知，方能在社会中找到自己恰当的位置。除此之外，还要善于看清别人，鉴别别人，在看清和鉴别别人之后，对照自己，从而更清楚地认识自己。

那么，我们如何认识自己呢？如果说每个人都是一团卷成球的绒球，想要看到里面绒线的质量，就要找到绒球的开端，一圈一圈地将这个球分解开来。那么这个开端又该怎么找呢？

苏格拉底认为，人应从学会判断开始，首先应从区别好与坏、善与恶入手。在他看来，美德不是一种从外强加于别人的东西，它是和人的理性、人的本质相通的。善的理念是内在于人的灵魂的东西，是理性本身的必然需求。因此，认识自己就是认识自己的理性，依托这样的理性表达出来的外在的善，才是真实的、准确的。"照顾自己的灵魂"，了解自己的灵魂深处存在的思想是什么，这种自我认识需要不断地被发掘、被否认，需要不断地自我反省，最终得到深刻的、适合自己的思想和认识。不仅如此，还可以通过教育等一系列的诱导和启发，把潜藏在灵魂中的"善"的理念充分挖掘出来。在认识自己的过程中，无疑是需

要不断地从之前建立的观念和想法中解脱出来,并瓦解之前可能遭遇质疑的、片面的观念,最终获得真实的自己。

除了正确认识自己之外,苏格拉底在他风烛残年的时候和他的助手之间还有这样一个故事:晚年的苏格拉底在很多方面已经觉得力不从心,他知道自己可能时日不多,于是想在最后的时间里考验一下他平时觉得表现很不错的一位助手,当然主要目的还是想对他稍做点化。他把助手叫到身前,对他说:"我这支蜡烛已经快要燃尽了,必须找到下一支更长的蜡烛将我的火焰延续下去,你一定能明白我的意思吧?"助手连忙答道:"是的,苏格拉底先生,您光芒万丈的思想确实很需要继续传承下去。"苏格拉底点点头,继续说:"是啊,可是又有谁能当我的接班人呢?我需要一个最优秀的继承者,他不仅要有非凡的智慧,还需要有过人的勇气和对自己有十足的信心,你能帮我找到这个人吗?"助手说:"先生,我一定竭尽全力去找到这个符合条件的人。"苏格拉底笑了笑,没有再多说什么。

苏格拉底的那位助手的确忠诚、勤奋,一丝不苟地想找到苏格拉底满意的继承人,他兢兢业业地通过各种渠道,四处寻找。他将一个又一个可能符合条件的人领到苏格拉底跟前,可是都被苏格拉底婉言拒绝了。有一次,当苏格拉底又拒绝了助手找来的人,他支撑起病入膏肓的身体,对他的助手说:"这么久以来真是辛苦你了,你找来的人都很优秀,不过其实他们都不如……"苏格拉底还没来得及说完,他的助手急切地解释道:"我一定会加倍努力去寻找继承人的,踏破铁鞋我也会把最优秀的人选带到

您的面前,直到您满意为止。"

又过了半年,苏格拉底行将就木,助手还是没有找到让他满意的接班人。他的助手感到非常惭愧,诚恳地对苏格拉底说:"对不起!我让您失望了!"但苏格拉底却回答:"失望的是我,但你对不起的是你自己呀!"苏格拉底闭上眼睛停顿了好长时间,终于略带失意地对他的助手说:"为什么你没有意识到最优秀的那个人是你自己呢?本来在我心里,你已经很优秀了,只是你太不自信了。这么长一段时间,你都努力去寻找别的优秀的人,发掘别人的优点,为什么没有自信去发掘自己身上的优点呢?就是因为你对自己太没有信心了,所以才忽略了自己啊!其实每个人都是最优秀的,只是有些人善于认识自己、肯定自己、发掘自己的优点并充分利用,有些人不够自信,不善于发掘自己、肯定自己罢了。"

之后,苏格拉底就永远离开了他曾深爱着并深切关注着的这个世界,他的助理在最后受到苏格拉底的教诲后非常后悔,这甚至成了他后半生的遗憾。这个故事也告诉我们,最优秀的那个人就是自己,区别只是在于如何认识自己、发掘和发展自己的长处。

苏格拉底对人的认识和呼吁人们要正面客观地认识"人"的哲学思想,无疑为人类世界开辟了新的"人的价值"。他的"伦理哲学"为哲学研究开辟了一个新的领域,使哲学的重心"从天上回到了人间";他提出精神实体和物质实体的差别区分,使唯心主义和唯物主义的对立脱离了早期哲学单薄、朴素的状态,逐

渐进入更加成熟的状态；他将早期希腊哲学家们格言式的伦理思想提升到了哲学的高度；他以"助产术"和揭露矛盾的方法启发思想、揪出矛盾，以辩证的思维深入事物背后隐藏的本质。这一切对哲学思维的发展做出了贡献。同时，作为西方哲学史上第一个系统的唯心主义哲学家，他也开始夸大主体、理性以及抽象思维，以哲学唯心主义的神话代替了宗教神话。

苏格拉底的哲学变革，不仅使希腊思想从自然哲学和格言式的伦理思想转向人间伦理道德，其更大的意义在于他将哲学的重心从宇宙转向人本身，从人的本性中激发出一种包含逻辑力量的理性。这不仅更新了道德价值和道德观，在促进希腊哲学进入将理性科学与人文精神相结合的过程中更是有着举足轻重的作用。由此，希腊哲学进入体系化的新阶段，西方的哲学传统与文明的进程由此受到了深刻且不可磨灭的影响。

文艺复兴赞美人的价值

　　如果说哥伦布发现新大陆为人类认识地球、认识世界开辟了新的天地，那么文艺复兴无疑使人对自身有了新的理解和认知。人类存在以来从未停止对未知物质世界的探索和对未知精神世界的追寻，如果说人类向未知的物质世界进军是从地理大发现开始的，那么文艺复兴就是人类对未知的精神进行探索的开始。

　　从14世纪开始，以意大利为中心扩散到西欧各国，于16世纪在欧洲大范围掀起一场思想文化运动，这就是文艺复兴运动。文艺复兴为欧洲带来了一场科学和艺术的革命，拉开了近代欧洲历史的帷幕，马克思主义史学家也认为这个时期是由封建主义时代走向资本主义时代的过渡期和分界点。

　　在文艺复兴之前是漫长的中世纪，当时在西方居于主流文化核心的是宗教和神学。人们对神的崇拜和教条的遵从是近乎盲

目而绝对的，神就是一切，神就是所有，而人是卑微至极的。因此，人应该是消极的、自卑的、碌碌无为的，人在世界上的意义微不足道。与中世纪相比，文艺复兴则在这方面的意识形态上有了巨大的转变，其中关于人的价值观念的转变尤为明显。这种转变绝非偶然发生，而是在时代的大背景下出现的一切物质、阶级、文化、人才和地理位置等综合产生的。

中世纪的欧洲，贸易中心主要集中在地中海沿岸，意大利的资本主义开始萌芽，资产阶级企图冲破教会和神学的束缚，以获得更好的发展。意大利不仅保存着大量古希腊、古罗马文化典籍，而且人才济济；作为东方丝绸之路的必经之地，意大利也吸收了不少如造纸术、印刷术等东方文化。新兴资产阶级的不断壮大给教会带来了巨大威胁，同时生产力的不断发展更促使人们认识到了自己的价值，甚至开始渴望冲破"神"的束缚，实现人的价值。资本主义生产方式的出现，很快就动摇了封建社会制度在人类社会中的地位，也动摇了宗教和神权在人类心目中的思想地位。

但实际上，文艺复兴和封建制度、教会并没有太直接的联系，政治在一定程度上的确会对文艺造成影响，文艺复兴最突出的特点是提倡尊重人的思想、性格、行为和身体，旨在关怀人，建立以人为本的世界观。文艺复兴唤醒了人们积极进取的热情以及勇于探索、敢于创新、发展科学实验的精神。它促使欧洲人从以神为中心转变为以人为中心，就像证实了地球围着太阳转，人也不再围着神转。人们觉醒了，而在精神方面也为资本主义制度的胜利和确立奠定了基础，开辟了一条康庄大道。文艺复兴发掘了人的价值并予以肯定，发现了人的伟大，并使人的创造力得到充分的发挥。反对消极的、一事无成的人生态度，要求人发挥自身的聪明才智及创造力，提倡积极向上的冒险精神，并将来世和天堂等虚无缥缈的神话都贴上了荒谬的标签，鼓励人们大胆追求物质幸福和肉欲上的满足。

资产阶级十分希望将人从中世纪基督教神学的桎梏中解放出来，认为事业成功及发家致富就是道德行为；提倡乐观的、积极的人生态度；重视发展个性，反对禁锢人性；强调用理智来思考问题，反对人云亦云；重视科学实验，反对空谈和经验论。就是受到这种对一切事情刨根问底的执着、不可抑制的好奇心和求知欲、决不满足于一知半解的思想理论精神等的指引，才创造了近代资本主义世界。

文艺复兴对人的赞美和人的价值的肯定并非空穴来风。"人文主义"兴起，礼拜堂日趋没落，实验室一片欣荣，艺术风格更新换代，近代自然科学得以发展，印刷术的广泛应用和科学文化知识的迅速传播等，都为文艺复兴的兴起创造了条件。意大利既是文艺复兴的发源地，也是"地理大发现"的主角哥伦布和卡波特的故乡。哥伦布和卡波特在人文主义精神的感召和鼓舞下，积极参加地理探险，这就证明了他们富于乐观进取和勇于冒险的精神。同一时期涌现出的一大批艺术家、文学家也创造出数不胜数的精湛艺术品和文学大作，至今仍是人类艺术宝库中无价的瑰宝。曾几何时，《圣经》的传说影响着整个艺坛，使无数的灵感在摇篮中窒息,艺术的生命未能存活。文艺复兴开始了对真实的日常生活和现实人的直接描写,还将圣母变成了人间妇女,使科学和艺术与生活相结合。

一系列的发展和创造不仅是整个欧洲的转折点,也对人类思维的转变产生了深远的影响。"文艺复兴"在人类文明发展的道路上树起了一个较为明确的指向标,反映了当时的新政治、新文化和新经济,掀起了新兴的资产阶级与封建主义的首次斗争。恩格斯曾这样高度评价文艺复兴在历史上的作用:"这是一次对人类来说史无前例的、最伟大的、跨越式的、进步的变革,是一个需要巨人且产生了巨人的时代。这个巨人在思维能力、热情和性格、多才多艺、学识渊博等方面都可创下丰功伟绩。"

在莎士比亚的《哈姆雷特》中,主人公哈姆雷特有这样一段独白:"人是一件多么了不起的杰作!多么高贵的理性!多么伟大的力量!看他们有多么优美的仪表!举动是多么优雅啊!在行为上多么像一个天使!在智慧上多么像一个天神!人是宇宙的精华!万物的灵长!"

这段台词,将人对人的赞美体现得淋漓尽致。它使多少人彻底地摆脱了神学的束缚,认识了人自身的价值和能力,人类的聪明才智得以充分发挥。莎士比亚表现出的人文主义思想,引导人们重新认识自己,认可"人"的价值、尊严和力量。所谓"一沙一世界,一叶一菩提",作为文艺复兴时期英国最伟大的诗人、戏剧家,莎士比亚的作品深刻反映了时代的特征,无论是喜剧、悲剧、历史剧、传奇剧,还是诗歌,都讴歌了以人为中心的人文主义，而且毫不掩饰资本主义原始累积时期的种种罪恶。莎士比亚的作品对每个时代都有着不容忽视的影响，他就是文艺复兴史上的一个巨人，时至今日仍被人们仰望。

可以说，是文艺复兴成就了这些巨人，也是这些巨人共同创造了这样一个时代。在文艺复兴的鼎盛时期，巨人是那个时代的产物，他们的成就也决不会超过他们的时代，处于时代中的任何一个部分也是时代所不可或缺的。这一切，似乎都证明了人在时代、发展、创造上所处的不可替代的高贵位置。任何人都有自己的价值，哪怕是微不足道的部分，也不容小觑。文艺复兴提出"我是人，人的一切特质我无所不有"的口号，显然这种自信不会被教会狭隘的"神"的精神世界所控制，他们需要以人、以自己为中心，而不甘屈于神的光辉之下。文艺复兴对人的智慧、力量以及人性，都给予赞美。人性的完美和崇高迅速建立起一座高贵的巴比伦塔。

也许只有在这种对自身的崇拜和赞美中，人才会彰显出卓越的生命力和创造力；抑或是神创造了人，所以人保留了与神相似甚至相同的本性，即对创造孜孜不倦。在文艺复兴中，人们面对未知事物表现出的勇敢和激情，几乎是整个历史发展的巅峰。不仅如此，人们对美的定义并没有局限在思想和行动上，对人身体的赞美也同样以不同的形式呈现在我们面前。文学代表之一乔万尼·薄伽丘在其代表作《十日谈》中主张"幸福在人家"，这句话被视为文艺复兴的宣言。伟大的画家、雕塑家和建筑师米开朗琪罗在其一系列的雕塑作品中都赋予人体构造和形态无限的

美感，闻名世界的作品《大卫》更是体现了人在道德观念上的解放。米开朗琪罗以塑造充满力量、坚忍果断、自信蓬勃的形象而不朽，而大卫正是《圣经》中的少年英雄，他保护了城市和人民，曾杀死侵略犹太人的非利士巨人歌利亚。在作品《大卫》中，米开朗琪罗雕刻描绘的是一个肌肉发达、体格匀称的青年壮士的形象。大卫充满自信地站立着，飒爽英姿，左手抓住投石带，右手下垂，头微微左偏，面容俊朗，炯炯有神的眼睛凝视着远方，仿佛正眺望着地平线搜索敌人，时刻准备着投入新的战斗。大卫神态坚毅、勇敢，身体、脸部的肌肉紧绷且饱满，外在和内在都不遗余力地体现了理想化的男性美。

文艺复兴中产生的文化和艺术以及在科学领域上的探索和发展，都离不开人们思想上的转变和现实生活中已存在的或是人们非常需要的某种美和精神。这是一个属于人的世界，而并非属于神，发展就需要摆脱虚无缥缈的幻想，现实的生存和进步如火如荼地进行着，而能创造这些、改变这些的只有活在现实中的人。文艺复兴唤醒了人们对人的价值的追求和渴望，开始探讨生的意义，而不再拘泥于看不到的前世或后世。

尼采说："上帝死了。"上帝虽然无可定义，但是在人的心里，上帝是完满的、觉知的、极乐的。上帝死了，人类从漫长的神权桎梏中解放了出来，获得了独立于世的自主生存的能力。上帝的光辉与灵性一直存在着，但人类的巴比伦塔已经根基稳固地建立在了人的心里，谦卑也好，蔑视也好，都是人类前进的方式。存在即真理，伟大也好，平庸也好，疯狂也好，人只要出生在这个世界上,就有其存在的价值,这便是人的基础价值。而不断创新、发展,为人类的探索事业做出更大的贡献,实现自己的价值,则是人一生的重大课题。

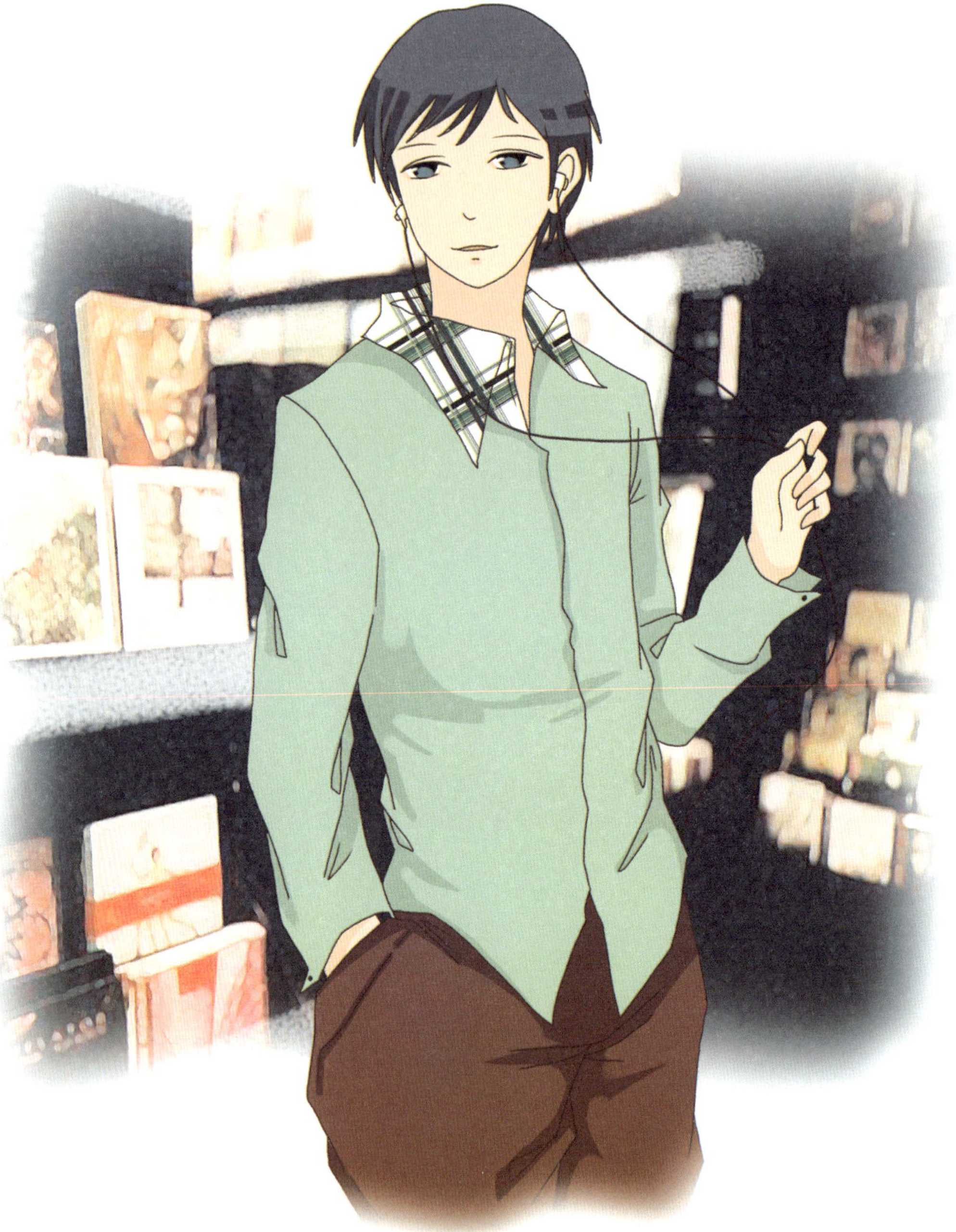

中国新文化运动实现人的自由

匈牙利诗人裴多菲曾说:"生命诚可贵,爱情价更高。若为自由故,两者皆可抛。"任何时代,任何民族,对自由的渴望和追求都是其行动的动力和源泉。在中国漫长的集权专制社会里,唯有统治者享有着最大的权力,但这种权力也并非绝对,权力的集中分散同样让统治者感到压力,国家的不自由才是真正的不自由。这既可以说是必要的竞争,也能看作一种由于不能得到绝对权力和自由的不满足。帝王将相掠夺人民财产的事件几乎在历史上的任何一个阶段都有发生,百姓的自由在这种政治体制下受到了严重压制。

中国经历了几千年的君王专制统治,历代君主中有的温和而强大,有的残酷且专横,有的懦弱、不堪一击,有的丧尽天良、压迫子民。在这种情况下,人民对自由的渴望就像一粒埋在泥土

里的种子,一旦条件成熟,这种渴望定将破土而出,最终长成参天大树,结果就是导致战争爆发。如果说从苏格拉底开始认识到人的存在,是将人类从自然中解脱出来,开辟了一个新的领域,文艺复兴赞美人、肯定人的价值是将人类从神权中解脱出来,让人意识到本身的价值和存在的意义,那么新文化运动就是将中国人从千百年来的封建桎梏中解放出来,让人独立,让每个人都获得属于自己的权利。

有果必有因,新文化运动的契机和导火索又是什么呢?它又是如何发展起来的呢?哪里有压迫,哪里就有反抗。近代中国除了受到西方科学文化的影响之外,对人权的认识也日益深刻。中国人有很强的自我意识,这种意识就是内心对自由的渴望,如同饥饿难耐的人渴望得到一片面包,这种渴望已不仅仅停留在脑中,而是在物质和心灵上都需要找到栖息之地。对自由的渴望使得中国人迫切地想要推翻一切思想上、心灵上、身体上的压迫,从而确立新的思想——一个积极向上的、有益于人民的、自由的思想。而"五四运动"就为中国人反抗压迫、获得自由提供了一个契机。

1919年5月4日,一场发生在北平的以青年学生为主力军,广大群众、市民、工商人士等社会中下阶级为次要力量的,以游行示威、请愿、罢课、罢工,甚至暴力对抗政府等多种形式的爱国运动——五四运动爆发了。这是一次中国人民彻底反对帝国主义和封建主义的爱国运动,标志着中国旧民主主义革命的结束和新民主主义革命的开端。五四运动是中国革命史上划时代的转折点，它为马克思主义的传播和人民从物质到精神上的解放创造了条件，新文化运动也因此拉开序幕。

　　新文化运动的基本内容有四个提倡和四个反对：提倡民主，反对专制；提倡科学，反对迷信；提倡新道德，反对旧道德；提倡新文学，反对旧文学。这和人文主义"提倡人性，反对禁欲；提倡人权，反对神权；提倡人性，反对蒙昧；提倡统一，反对割据"中的一些部分不谋而合。民主和科学思想的大力弘扬，不仅动摇了封建思想的统治地位，还推动了中国科学的发展，使人民的思想尤其是青年的思想得到了空前的解放。新文化运动中，人民用理性对抗封建传统，用自由对抗权威专制，颂扬了生命和人类的价值，主张一切人应是自由的、独立的、平等的。

　　为什么说新文化运动实现了中国人的自由呢？中国人对此有一个更贴切的叫法，即"解放"，这种解放是整个中华民族的解放。五四运动前期进行的是资产阶级民主主义的文化运动，资产阶级民主主义是目前世界上广泛通用的一种民主方式，它按照平等和少数服从多数的原则来管理国家事务。资产主义民主政府对言论和宗教自由等基本人权的保护体现了国家和政府对人的尊重。这种放权并非盲目，而是在法律面前人人平等的前提下，保护人民和民间组织参与社会政治、经济和文化活动等一系列权力。这就代表着每个人都有改变大环境、改变国家、改变领导者的机会。权力分摊到每个人身上，而不再集中于某个人或某个组织。这种放权对人思想的解放有着重大的意义。

　　实际上，从一开始很多人对于获得自由采用了非常鲁莽的方

法，然而盲目地追求个人权利和自由带来的又是什么呢？是社会局面一片混乱，百姓之间、官僚之间甚至没有冲突关系的人之间都自相残杀这些愚昧的行为像一团迷雾笼罩着整个社会。令人痛心的是中国的土地变成了饿殍遍野的土地，人们已经失去了理智和人性，到了人吃人的境地。这种精神和生活上的饥渴并不是给其一顿美餐就能解决的，人民更需要的是安全感，是丰衣足食。在战争和权力压制的荼毒下，人民的道德观早已败坏，这阵风刮得太猛太远，真正需要被讨伐的是人民扭曲的内心，因迫切地想要获得自由而无声咆哮的内心，社会局面不再是能通过讨伐统治者就能清除乌烟瘴气了。这时候就有思想先进的人意识到不能再片面地认同、遵从某个信条或规则，应该为生存考虑，让自己拥有可以行使的权力，并充分运用它。与此同时，西方经历过动乱，某些地方也已经获得解放，因此很多想要帮助人民得到解放的人开始汲取西方的经验。对于西方已经解放的思想和观念，新文化运动中的参与者与代表人物有着极高的评价，例如鲁迅说："我以为要少——或者竟不——看中国书，多看外国书。"新文化运动中的后起之秀陈序经更是直言："西洋文化无论在思想上、艺术上、科学上、政治上、教育上、宗教上、哲学上、文学上，都比中国的好。"

中华五千年早已经历过不少风波，古代君主制度历代传承，经历过繁荣昌盛，开辟过丝绸之路，统一过，分裂过，直到清朝闭关锁国，所有人成为笼中之鸟。但是，即便只是一只鸟都渴望蓝天，更何况是人呢？直到帝国主义的侵略打破了这个牢笼，对于被闭关的人民来说，这一突破给他们带来的不仅不是蓝天，反而是巨大的灾难。陈旧的观念存在于人的脑海里，就像自闭症患者，不懂得怎么与自己不一样的人交流，这时一些思想文化的先驱才彻底醒悟，中华民族需要打破的并不是国门这个牢笼，而是人民思想上的牢笼。一个人成为笼中之鸟并不可怕，可怕的是明明应该在蓝天上飞翔、在森林中欢愉的鸟儿认为自己应该住在笼中，生命也是属于主人的。军阀的蛮横统治以及与侵略者对抗的无能，将人民推向黑暗的深渊，反帝反封建斗争成为火烧眉毛的事。

生物都有趋利避害的天性，在忍受帝国主义残暴侵略的同时，同样也会思考为何失败的是我们。这种牺牲不禁引发国民的深思，西方思想因此成为先进思想，成为国民需要学习的东西。帝国主义打开了中国的国门，人民不可避免地接触到新的事物和新的思想，对于一个压抑已久的民族来说，此时的学习能力和欲望比任何时候都要强烈。就像快要饿死的乞丐，在面对食物的时候饥不择食，因为太久没有吃东西，所以在看见食物时，就想一口气吃光。当一群笼中之鸟在冲破重重阻碍飞往蓝天之后，其中必定有，也需要有思想先进者带领大家认识一只鸟本该有的生活态度，也需要有领导者和开拓者带领大家找到新的森林，找到属于自己的栖息之地，随后就是学习如何在大自然中存活下去。

新文化运动就是一把钥匙，一把打开牢笼放出鸟儿的钥匙，一把打开智慧之门的钥匙。这把钥匙不仅打开了封建思想束缚的牢笼，也打开了人民的思想，并且教会了人民新的生存态度和生

存方式。这就是自由,解放就是新的自由。这场运动带来的不仅是中华民族的解放,也是每个中国人的解放。人的解放不只意味着摆脱了精神的桎梏,如政治、宗教给人的枷锁,也代表着物质上的解放,人民的物质生活品质得到了提升,使人获得了更多的自由。

人类获得自由的最初阻力是自然。人类对变幻莫测和未知的突然来临的自然有着深深的恐惧,因此人类十分希望从自然的羁绊中获得自由,渴望能有一种力量来驾驭自然,而使得人类的生活风调雨顺、平和安康。于是人类在神的怀抱中找到了这种力量,宗教逐渐成为至高的权威。但是,当人进入神的世界,很快就发现这种信仰并非理想的栖息之地。文艺复兴所建立的新的世界观、政治理想及科学精神的出现使人类开始相信人的力量,便把寻求安稳的目光投向人世间的文明和秩序,主张理性和科学,希望在以理性为基础的各种秩序中获得自由、平等和正义。人们很快意识到文化传统、风俗习惯、性别歧视和历史积淀会很轻易地成为人不自由的因素,人为建立的政治秩序在时代的进步和历史的变迁中同样会有其可怕的束缚自由的内容和方法。人对人基本权利的追求从未停息,于是产生了文化、传统、观念等的解放以及性别角色意识的解放,等等。人权问题逐渐成为人的自由的首要问题,一个国家、一个民族能否保障公民的人权,成为衡量其社会进步程度的重要标志。

第二章 唯心主义

物质依赖意识而存在
主观唯心主义
客观唯心主义
绝对唯心主义

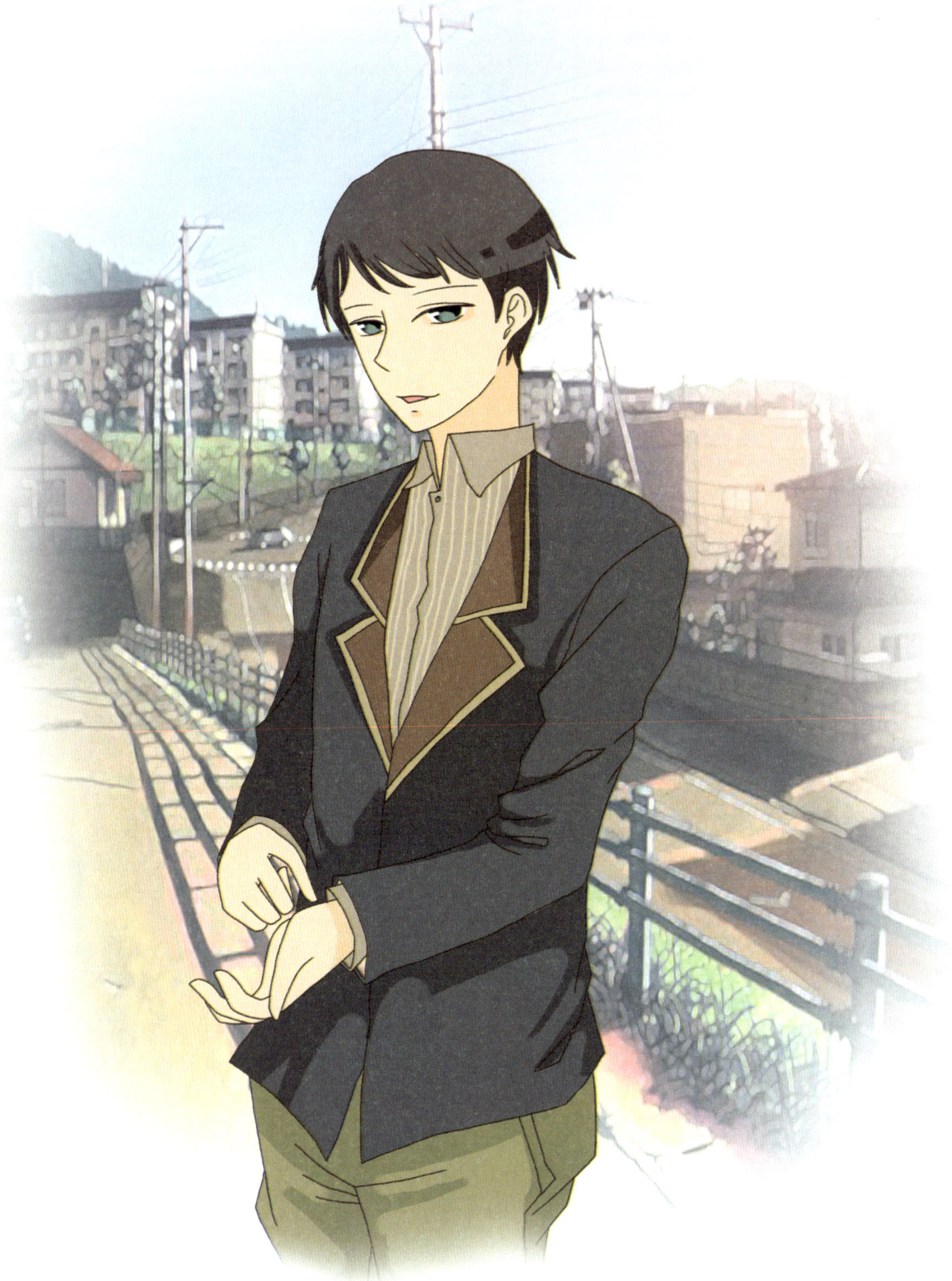

物质依赖意识而存在

很久很久以前，人类惧怕黑暗的夜晚，因为野兽在森林中出没，猛兽常常趁着月黑风高潜伏在人类栖息之地的附近，黑暗的来临就意味着未知的、可怕的事情即将发生。于是人类就想，如果晚上也有光该多好啊，那样就能像白天一样战斗了。一次偶然的机会，人类将尖锐的木头在另外一块干木头上使劲儿钻，两块木头因相互摩擦生热，而擦出火星来。就这样人类发现了如何取出火，并用它来驱走黑暗和恐惧，加热食物，人类从此不再过着茹毛饮血的生活。

又过了几个世纪，人类觉得点燃的消耗量太大，于是想：有没有一种东西可以燃烧得更持久，使用起来更方便呢？很快人类就发现了煤油，它是符合这一要求的绝佳选择，于是人类发明了煤油灯。直到后来出现了一个人，他在少年时看到自己的母亲躺

在手术台上做手术，但是手术的条件非常有限，尤其是煤油灯的光线很弱，根本无法满足手术要求，所以他一心想要制造一种更亮的光。很快他就突破了重重困难，实现了这一目标，发明了电灯，他就是爱迪生。

不论是星星之火，还是煤油灯，抑或是电灯，原本都是不存在的，是人的意识想要这些东西，需要这样的存在，于是它们出现了。人类脑海里先形成了电灯的想法，而后通过不断探索和努力才有了电灯这种事物。因此，有了"物质依赖意识而存在"这一观点。

我们仰望星空，看到了月亮挂在天上。不论它此时是圆是弯，是明是暗，我们都知道那是月亮。从有人类开始，它就一直出现在天上，它就一直被我们看在眼里，一直存在着。但是我们之所以叫它"月亮"，是因为我们看到它每个月都会有最亮的一天，而大多数情况下是弯弯的形状，就像"月"的形态一样。我们脑海里呈现出它的样子，于是赋予它名字，就像给每个初生婴儿取名一样，更有利于我们辨别它，认识它，肯定它的存在。我们的意识里有了"月亮"这个形态，从此默认为它就是月亮，独一无二，无可替代。看起来月亮是在我们的意识进行一系列活动之前就有了，但正是因为我们从自己的角度出发了解它，肯定它，赋予它在人类世界的意义，它才成为月亮。因此，唯心主义者认为，即便是已经存在的物质，如果没有人的意识将我们所看到和发现的这种物质的特征集中在一起，那么这种物质也不会存在。唯心主义认为，一切公理、定义不过是人们经过长期的观察研究推导出来的，它们或许已经成为人类世界里不容置疑的事实，或许还只是一些假设，但不管是前者还是后者，都有可能并非绝对正确。人们经过累积、观察得出的结果，只是暂时符合人类的认知所得出的定义，而一旦情况有变，就会推翻之前的假设。爱因斯坦的相对论提出：时间和空间都具有相对性，若是参照物发生改变，结论就会有所改变。相对论的核心就是从唯心主义的观点出发发展而来的。

日本的江本胜博士曾做过一系列关于水的实验，其中一项是让水听不同类型的音乐。在播放了贝多芬舒缓的交响曲之后，水分子所形成的结晶对称而美丽；在让水听了激昂亢奋的摇滚之后，水分子形成的结晶非常难看——混浊而杂乱。我们不能说这是水听懂了人类的情绪，不同的国度用于表达情绪的语言或许不一样，但开心、懊恼或者愤怒的感觉是大致相同的，而音乐则是最好的载体之一。人以某种思想和情绪创作某个曲子，以它作为传递和表达情绪的一种方式，水在听到这些不同的音乐后呈现出的不同形态，也可以说是间接被人的意识影响而发生改变。

从上面几个例子来看，人的意识的确能创造某些物质，例如我们需要的电视机、电灯泡、洗衣机、电冰箱等，我们的意识里想有这些东西，它们才"来到"这个世界上。人的意识也能赋予某些东西意义，例如我们看到月亮，并称之为"月亮"，科学研究得出的结论也让我们知道，月亮的主要作用是形成地心引力，让我们能脚踏实地生活，这些概念在我们心里组成才赋予了这种物质在人类世界中的存在。人的意识还能改变某些东西，例如我

们的情绪，开心、放松的情绪能让水分子形成美丽而规则的结晶，愤怒、暴戾的情绪会让它变成混浊难看的结晶，它的形态随着人类意识的改变而改变。

或许有人会提出质疑，如果说意识可以改变物质，或者创造出人们想要的东西，那么为什么会有中国古代宋人"揠苗助长"的故事呢？农夫一心想要庄稼长得快一点儿，也确实自己动手使庄稼幼苗看起来更高了，为什么幼苗不仅没有长高反而死掉了呢？这是不是就说明物质依赖意识而存在完全是谬论呢？可是在此之前，我们的确应该考虑农夫所采取的做法是否正确。纵观历史和现在，我们可以发现，那些对人类有价值、有特殊用处的事物，都并非盲目或是随便采取某种方法就能出现的。物质的出现总是伴随着人类产生的意识，并加上人类的智慧，将经验和科学与意识相结合，用正确的方法为我们所需要的物质的到来铺出一条康庄大道之后才产生。譬如造纸术的发明，蔡伦想要一种既便宜质量又高、原料好找又能满足人们书写要求的纸，进而找到了树皮、麻头等原料，经过反复试验探索出多重工艺，将原料进行加工、改造，才得到理想中的纸。新物质的出现首先要有人的意识的出现，经过一个漫长而复杂的过程方才存在，这才是"心有所想，则必有所得"的正解。

英国的唯心主义代表贝克莱认为"存在即被感知""物是观念的集合"，即一切物质都是我们所见、所想、所分析、所认同结合在一起才真正出现的。就像一个苹果，我们看到它的形状，闻到它的味道，品尝过之后知道它的口感，然后才有了这个"苹果"的存在。世界上最先出现的也是苹果，没有好苹果和坏苹果之分，而我们看到苹果是腐烂的，咬了一口发现它很难吃，里面有虫蛀的痕迹，吃下去可能会拉肚子说明有细菌，因此才有了坏苹果的存在。我们觉得它是什么，于是它就成为什么。奥地利哲学家马赫则说："物是感觉的复合。"也就是说，物质是多种感官意识结合所呈现出来的，他的这种看法显然与贝克莱不谋而合。

在我国也有很多较为典型的唯心主义推崇者，其中有一位就是庄子。庄子是我国道家学说的集大成者，也是我国战国时期著名的思想家、文学家、哲学家。在他的代表作《齐物论》中，曾写了他做过的一个梦，庄子这样描述道："有一天我在睡觉的时候梦见自己变成了一只蝴蝶，一只欣欣然在翩翩飞舞着的蝴蝶。当时的我感受到前所未有的快乐和惬意，一时间竟忘记了自己是庄周。顷刻间我被惊醒了，仔细想了想发现我确实是庄周啊！只是不知道是我庄周在梦中变成了蝴蝶，还是蝴蝶梦见了自己变成了庄周？蝴蝶和我之间肯定是有区别的呀。"从庄子的这个梦来看，似乎一切存在都是相通的，只是我们的意识区分、辨别了万物种种。万物为一，是人类赋予了它们意义。又有古希腊哲学家普罗泰格拉说："人是万物的尺度。"普罗泰格拉认为，所有的事物都是相对人而言的，人觉得它怎么样，那么它就是怎么样的。虽然这种说法遭到了很多人的怀疑和反驳，但是普遍对事物存在的含义依旧建立在人发现了这种事物的基础之上，对于我们没有见过的事物，我们就觉得它可能是不存在的，至少不能相信

哲学100问

它是存在的。

万物始终是在不断运动变化的，随着时间的流逝，每个瞬间物质都在发生改变，即便是我们此刻看到的东西，我们看到的它的形态也已经和前一刻不一样了。赫拉克利特关于万物流变的思想影响着普罗泰格拉，因此他认为只有人的感觉可以是持久的、可靠的。普罗泰格拉还断言，事物的是非真假都是依据个人的感觉，人们根据自己的感觉做出不同的判断，事物的存在形态和意义也是对于个人感觉而言的。

唯心主义更注重"心境"，同时认为心境才是现实存在的环境的主导因素，古希腊哲学家苏格拉底就是一个非常善于调节自己心境的人。在苏格拉底年轻尚且单身的时候，他和几个朋友一起住在一间拥挤的小房子里，他的朋友们偶尔会抱怨房子太过狭窄，但他每天都看起来很快乐。有人问他："你们那么多人住在那么小的房子里，连转身都有点儿困难，这有什么值得开心的呢？"苏格拉底对那人说："我和那么多朋友住在一起，虽然地方很小，但我们常常可以交换彼此的想法，增进感情的机会也有很多，这难道不值得高兴吗？"

时间慢慢过去，苏格拉底的朋友们都结婚生子，先后搬离了那个小房子，到最后只剩下苏格拉底一个人住，但他依旧每天都很快活的样子。那个人又问他："现在屋子里已经没有可以和你交流的人了，你怎么还这么开心呢？"苏格拉底愉悦地答道："这里还有很多书啊，屋子也变得宽敞了，我有足够的空间从书中得到知识，和书里的智慧进行交流，有这样的环境怎么能不开

心呢？"

几年后苏格拉底也成了家，就搬进了一座大楼里，这栋大楼有七层，苏格拉底家在最底层。最底层的环境非常糟糕，声音嘈杂、不安全，也不卫生，楼上住户的污水也往下面泼，屋里还常常有老鼠到处乱窜。但邻居们看到苏格拉底每天都很快活，就好奇地问："你住在这么糟糕的环境里也觉得开心吗？""是啊！你不知道住在一楼有多少好处啊！"苏格拉底欢畅地回答，"住在一楼回家不用爬楼梯，搬家也方便，朋友来拜访我的时候也不用费很大的劲儿找楼层，最让我满意的是门口的那片空地了。我可以在空地上种花，种些蔬菜，看到亲手埋下的种子开花结果，那种成就感难以言喻啊！"

一年之后，苏格拉底的一个朋友也要搬到他的那栋房子里来住。那个朋友家里有一位腿脚不方便的老人，苏格拉底就把一楼的房子让给了朋友一家，自己搬到了第七层。住到了七楼的苏格拉底依旧过得很开心，原来那人见到他就略带讽刺地问："住在七楼也有很多好处吧？"苏格拉底欢快地说："您说得太对了，七楼的好处实在太多了！每天上上下下爬楼梯可以锻炼身体，我觉得比以前有精神多了；七楼的光线还特别好，看书的时候很舒适；顶楼还没有什么人打扰，安静清闲，白天看书惬意，晚上也睡得特别香。"

后来那个人遇到苏格拉底的学生柏拉图，就问柏拉图："你的老师总是那么快乐，但我觉得他住的环境没有那么好啊！"柏拉图说："环境本身不能决定人的意识啊，最终决定人的意识的

还是心境。"

　　广义唯心主义认为，唯心主义不单是在哲学领域上的独有现象，在社会意识上同样适用，这个唯心主义被称为"实践的唯心主义"。实践的唯心主义认为，社会意识和社会主张会决定社会形态。广义的唯心主义也是对狭义唯心主义的一种拓展，如果将国家看作一种"实践的意识"，那么显然整个存在于国家里的东西都是由这个"实践的意识"决定的，如果物质变成独立的、第一性的，也就构成了一种"唯心主义表达"。

　　唯心主义者认为，外界事物的存在是有问题的，因为作为一个独立的个体，给予人的感受是多种多样、千变万化的。人的感觉是人的主观意识，面对一个新的事物只能根据之前看到的旧事物的经验、感觉，来反馈给自己的大脑这个新事物的信息，物质并不能给予人们直接的认识。物质的存在是因为我们看到它、闻到它、摸到它，在一系列的感官行为之后给我们带来了特定的感受，"物质"才算是存在的。就像婴儿出生的时候并不知道衣服的存在，但是父母给他穿上衣服之后，他感受到衣服是柔软的、贴身的、让自己不会觉得冷的。从出生到成长，人凭借不断累积的经验了解了更多的"物质"，如果抛开所有的经验，就不会有任何"物质"的东西，这便是唯心主义者坚持自己立场的宣言。

主观唯心主义

一天，在车上，两个完全不认识的人坐在同排座位上。其中一个是六岁左右的小男孩儿，坐在他旁边的则是一个很和善的中年人。车开了没一会儿中年人就主动和小男孩儿聊天，他们的谈话看起来轻松且顺利，中年人对小男孩儿说："我叫陈连河，你叫什么？几岁了？"男孩看起来有点儿害羞，避开他的目光回答："我叫李文轩，今年六岁半了。"然后中年人就开始逗他，故意把他的名字错叫成陈文轩，小男孩儿开始会纠正说："我不姓陈，我姓李！"中年人接着说："哦，原来你叫李连河呀。"小男孩儿有点儿不耐烦地继续纠正道："我不叫陈文轩，也不叫李连河，我叫李文轩！"男孩儿叫"李文轩"似乎是不可动摇的事实，实际上他也确实叫李文轩。但是我们都知道，所有的名字都是一个代号，作为个人身份的标记，即使失去这个名字或者换

一个名字，他在这个世界上的存在方式和生活方式丝毫不会改变。男孩儿之所以坚持自己必须叫李文轩，是因为他的观念、经验和意志告诉他自己，只有这个名字代表的是他自己，其他的都是错误的，最终他成为自己观念的集合。他是谁，所以就应该成为谁，并且用某种特定的方式生活，似乎这样的他才是真实的自己，才能真正证明他的存在。

这是一个普遍存在的坚持自己主观意志的现象，是一个典型的主观唯心主义的表现。那么要如何定义主观唯心主义呢？主观唯心主义认为：世界上的一切存在都是由个人的感觉、经验、意志、观念等某些主观精神所派生出来的，而人的主观精神才是一切事物存在的本原。康德曾说："自我意志有绝对自由。"叔本华——主观唯心主义的主要代表之一就接受了康德的这一哲学思想。叔本华曾在书中写道："世界是我的表象。"太阳是我们通过眼睛看到的太阳，地球是我们脚下踏着的地球，这些都是人的主观意识所得到的表象的结果，而这个表象也就是太阳和地球本身。世界上的每种物质都像一面镜子，折射出的是每个人的内心。生命中的每次呼吸、每个动作都伴随着人的意志，人的意志如影随形，它将人与世界紧密联系在一起，时刻暗示着我们存在着的生命，有意志就代表有世界。

如果我们将目光扩大到整个宇宙，显而易见宇宙是在人出现之前就出现了的，也就是说，宇宙是先于人类意识而存在的。可是我们又会提出疑问，宇宙又是怎么来的呢？是大爆炸形成的吗？其实不论是宇宙大爆炸，还是地心学说，它们都没有包含意识的概念。但如果我们将眼光缩小到我们的生活中,要问一本书是怎么来的话,那么就可以说这本书是机器将原料进行加工之后得到的,可是这本书是一个机器制造的吗?显然不是。是因为人类想要这本书,再通过意识控制自己的行为,创造出可以制造书的机器,而后操纵机器。无论是制造书的机器,还是书本身,都是人类意识的产物。

主观唯心主义有一个普遍存在的问题,就是如果说人的意识是第一性的,意识才是一切的本原,意识可以决定物质,那么在人想要移动一张桌子时,却无法用人类的意识去移动它,需要移动的还是桌子本身。但我们要考虑的是,桌子的移动是人的眼睛和思维对周围环境进行对比之后,才能说桌子被移动了。即使桌子真的动了,但在我们的意识里桌子没有动,那么其自身得到的结果始终都是:桌子并没有动。人认为它动了,它就动了。这便是所谓的"吾心即宇宙"。假设没有"人"这一概念,那么你不是"人",我也不是"人",也没有"物质"这一说法,那么宇宙中就不存在"物质"。一切都只是作为一种介质存在于人的精神之中,这种精神不需要时间和空间,因为世界上本来连空间都没有,世界上的一切存在都是人精神上的错觉,人的精神让人察觉到它,它因此而存在于人的精神世界里。人也不能证明自己的存在,因为人本身可能是不存在的,人的样子,人的声音,人周围的环境,都是人的精神作用下的产物,一旦意识消失了,那么之前这一切的"存在"也将不存在了。主观唯心主义中的唯我主义认为,宇宙也是精神意识的产物,历史、故事等都是意识的集

合，世界本是虚无的，它是因为人类有了"世界的存在"的意识才存在的。

英国浪漫主义诗人雪莱曾说："唯有人，能凭借意志的力量与天地争辉。"在主观唯心主义的概念中，人的思维是无边无际的，而宇宙是超出了人类思维的一个庞大存在，我们所了解和认识的任何一种物质都是有局限性的，或许是物质本身有局限性，抑或人类对它的认识有局限性。在这些存在的物质中，唯一能够创造的唯有人的意识，如果将宇宙的概念缩小来看，天地是先于人类意识的存在，人类意识又是先于地球上其他物质的存在。随着心中某种意念的出现，想要改变事情的发展状况或运动状态，这种想法就是唯心。

历史上还有很多像雪莱一样的人，他们或许并非真正的主观唯心主义者，但在某些立场和角度上，依旧得出与主观唯心思想理念相同的结论。在中国也有一些哲学家是典型的主观唯心主义者，例如战国时期伟大的思想家、教育家孟子，宋朝的哲学家、教育家陆九渊，明代的著名思想家王阳明等。孟子曰："万物皆备于我。"显而易见，这句话表达的是主观唯心主义的思想，但孟子想说的并非"万物都因我而存在，所有事物的出现都是为了我"，而是"我能思考万物，我能感受到万物，所以世间一切我都能拥有"。孟子的这种认识是用唯心主义的观点去论证人是可以非常快乐的，只要我们所认识的一切都是真诚的、善的，那么宇宙万物也就都是好的，都是让我们觉得快乐的。陆九渊所认为的"吾心便是宇宙，宇宙便是吾心"，便是把"吾心"看作第一性，"吾心"代表的就是人的主观精神意识，人的主观意识就是宇宙的本原，客观世界所存在的物质都是"吾心"派生的产物。而一切存在，包括天上的、人间的、物理的，都在人的主观精神之中。

古往今来，我们所认识到的理念，都更趋近于向人的内心平和的强大力量靠近，例如瑜伽中的"冥想"，佛教中的"打坐"，都主张人要审视自己的内心，抛开在这个飞速发展时代的影响下被扰乱了的各种荒芜的情绪，获得平静，调节身心。明代的王阳明继承了陆九渊"吾心即宇宙"的思想，根据对万物以"理"致知的观点，提倡知行合一。王阳明同样认为，如果没有了"心"，就没有物、没有事、没有理。但这一切都有一个大的前提——"致良知"。"心学"可谓中国哲学思想发展的巅峰，可惜的是受清朝专制的阻碍，中国进入现代文明进程的道路却出现了跌宕、曲折。

在近代中国，曾有人认为佛教是主观唯心主义的宗教，企图通过找到佛教与主观唯心主义两者之间的某种共性来抹杀和推翻这一观点。然而佛教这种宗教思想是一个庞大的哲学体系，而并非片面提出的某一观点或定论。有几千座藏地寺庙中的辩经院为佛教思想的建立奠定了坚实的基础，在历代高僧的传道和著述过程中，佛教思想逐渐演变成一些人的信仰。这些思想理论决不能简单地以唯心主义的判断而将二者对立起来，它们的出发点和关注的问题本身就不一样，两者的系统也是不一样的。爱因斯坦曾做出这样的评价："完美的宗教应该是宇宙性的，它要超越一个

人化的神，不需要死板的教条和教义，包含了自然现象和精神领域，基于对一些自然和精神的事物的经验而成一体，也只有佛教才能符合这些条件。"佛教中的主观并不同于主观唯心主义，我们也不能质疑世界上最伟大的科学家对佛教在科学性上的肯定是荒谬的。在推崇马克思的辩证唯物主义思想的同时，找到蛛丝马迹就将其作为推翻其他观点的理由未免太过牵强。佛教的辩证思维是非常具体、完备的，从释迦牟尼时代开始逐渐发展成熟。马克思同样是通过辩证思维来得出有效结论的。

为了更多、更快地接受马克思的辩证唯物主义，不少人扭曲佛教的主观和主观唯心主义的概念，实际上这种做法和揠苗助长没什么区别。从本质上来讲，为了让人们接纳唯物主义而否认唯心主义这种做法本身就有些偏颇。唯心主义和唯物主义是从不同的方向出发，探讨研究的是不同的问题，即两者都是在探讨物质和意识谁是第一性，谁是第二性。我们既不能否认人的主观意识对客观现实的某些作用，也不能说客观存在对人的意识完全没有影响，无论谈论什么问题，都应该以公平、公正为原则。无论是主观唯心主义还是唯物主义，都不是凭空出现在这个世界上的，而是经过历代人不断探讨和辩证得出的让自己可以确信的观点。在某种程度上，它们符合事实，也有着较为合理的科学依据，或是从现实中积累经验，作为依据。

主观唯心主义在现代社会依旧是一个具有生命力的思想理论，尤其是越发流行的瑜伽冥想以及近些年越来越盛行的灵修书籍的出现，都鼓励人们从"心"出发，获得身心平静。

客观唯心主义

世界究竟是怎么来的呢?这个问题一直都是人们谈论的焦点。

我们生活在一个由时间、空间组成的三次元世界里,创造了二次元的动画、电视剧等。如今风靡世界的日本动漫或是日渐兴起的国产动漫逐渐受到一批又一批人的追捧,我们喜欢二次元里简单的、系统的、情节曲折完整的世界,那些故事和人物给我们带来了无限的快乐。我们看到的二次元人物是有思想、有头脑、有喜怒哀乐的,就像人类一样。是人类创造了他们,并赋予他们"生命"和"意识",二次元中的人物是鲜活的、生动的、完整的,就像人类一样。那么人类世界会不会也是这样来的呢?由更高次元的存在创造了"人类",赋予了人类生命和情绪,已经排

哲学100问

演好了故事，涂改或者编写每个人、每个存在的人生。创造三次元的并不一定就是四次元，就像一次元仍旧由三次元创造一样，只是由更高的存在控制着这一切。

或许是这犹如"神"一般的存在，使得客观唯心主义认为，不论是现实中存在的物质还是人类的意识，都不是世界的本原，而是一种"客观精神"具象化的表现形式。客观唯心主义对于人类意识和现实物质都是认可的，只是它们都是先于物质世界且完全不同于物质世界的真正本体，就像我们将自己的意识和想要的生活通过二次元反映出来一样，二次元的一切都是我们意识外化所创造的存在，只能被认为是意识的派生物。

早在古希腊时期，西方便出现了一位客观唯心主义的代表人物，他就是柏拉图。柏拉图是苏格拉底的学生，受到了苏格拉底的精神感召，接受了苏格拉底关于"神"的思想。柏拉图认为，世界并非只是由我们看到、感受到的人的意识和物质的表象组成的，这两者只是"表象世界"，除此之外还存在"理念世界"。人的意识和我们所看到的物质都是在不断流动的，我们所了解的新陈代谢在每个细小分子的参与下无时无刻不在进行着，"现象世界"是不断变化的，而"理念世界"才是真实的、永恒的。"理念世界"是一个更为庞大的存在，大到无人可以想象。柏拉图还认为，人的一切知识都是与生俱来的，我们学习的过程并非挖掘、接受新的东西，而是在挖掘自己的记忆，让那些知识从自己的灵魂中苏醒过来。每天我们都在学新的东西，而"收获"是在不断"回忆"下衍生出来的结果。之所以说有收获就有成就，是因为当我们回忆起某个知识的时候，我们原先所不了解的东西就减少了一样，人变得更加清醒，更加接近完整。"理念世界"则包含了所有的知识，当我们不断探索未知的东西时，未知者本身是不需要改变的，不断改变的是人的意识。柏拉图因此提出了"理念论"和"回忆说"，他在教育上提倡要从不同的角度和学科学习，第一次提出了算术、几何、天文、音乐四科的教育方式，所谓教师的点拨，就是要让学生在"苦思冥想"之后"茅塞顿开"。

柏拉图还认为，爱可以是只在精神上恋爱，无须肉体上的结合，这种爱情固然美丽，但美丽的东西又何其脆弱。人的意识在不断变化，柏拉图因为找到且相信某个"永恒"的存在而追求这种理念上的爱。这也是柏拉图客观唯心主义的一种表现形式，"理念世界"对人类来说是虚幻的，就像理念上的爱也是虚幻的爱一样，客观唯心主义就是认为这种"虚幻"是最"真实"的。

在中国历史上，也曾有过客观唯心主义的代表，其中最为卓越的就是南宋的教育家、思想家、哲学家、诗人朱熹。朱熹认为，世间万物或静或动都是由"理"而生，由"理"而定的，这也是后人将朱熹定位于客观唯心主义代表的主要原因。朱熹将这种"客观精神"称为"理"，这种"理"和我们所研究出来的相对论、万有引力等真理不同，它既不代表思维，也不是精神，更不是人的意识，它是万物为什么存在和以何种形式存在的原因。如果有一天地球毁灭，万有引力依旧存在，"理"依旧存在。但朱熹的这种将客观主义精神称为"理"的理念却一度助长了封建

等级制度的肆意发展，在天地存在之前"理"就存在了，而天地间发生的一切也都是由"理"所设定的。因此，等级制度、尊卑贵贱、贫穷或富有都是原本就安排好的，是不可更改的，下层人民在受到封建统治奴役的同时，还受到了这种"天之命"思想的奴役，这无疑阻碍了社会的发展和民族的进步。朱熹的这种观念虽然极易被封建专制统治者利用，以便扭曲事实，蛊惑下层人民，但他在教育事业上的成就是不容小觑的，尤其是在儒学的推崇与传播上功绩最为明显。朱熹学识甚广，在经学、自然科学、史学、佛教等各个方面都有所涉猎，他建立的南宋理学不仅在当时吸引了很多海外学者来华学习，也被很多国家所推崇。无论是朱熹还是柏拉图，他们建立的思想都是经过深思熟虑之后产生的，有逻辑性，符合一定规律。由此，在认同或者辨别某种观点时，我们仍要理性思考与接受。

在客观唯心主义的发展史上，还有一位不得不提的哲学家，他的思想将19世纪德国的唯心主义推向了顶峰，对后世的哲学思想有着深远影响。他就是德国古典唯心主义的代表人物——黑格尔。黑格尔将世界的本质理解成"绝对精神"，"绝对精神"就是所有阶段演化而来的源泉，它是运动的，本身就是一个矛盾的存在，不同阶段的现实表现就是在绝对精神的矛盾中所体现出来的自身对立面的转化。黑格尔认为，人的意识、物质的存在都是独立的，与此同时，绝对精神才是作为本原的存在。由此引申出的"国家理念"对当时社会产生了非常大的影响。黑格尔认为，国家只是国家理念的体现，社会是独立于国家的存在，它是国家理念的外在体现。就像绝对精神高于我们所看到的存在一样，这个存在是绝对精神转化的结果，国家同样高于社会，社会是国家精神转化出来的一种表现形式。黑格尔对世袭君主制的认同与柏拉图所想象的理想国有着极其相似之处。柏拉图在《理想国》中提到，一个国家的最高领导人应该接受哲学思想，并将哲学与政治相结合来治国，由最高领导人的思想惠及人民，必将建立最理想的国度。黑格尔认为，国王拥有最高的决断权，但他主张限制王权，认为国家和民族应在相互独立的情况下相结合，要想相互独立，必须保证普遍利益的平衡。同时指出战争的合理性，国家和民族渴望独立，战争是达到独立目的最直接的手段，因此战争可以看作一个必然事件，而非因为冲动偶然发生。

在黑格尔的理论中，人类世界发展至今大致可以分为三个阶段：首先是逻辑阶段。由绝对理念转化出来的种种矛盾不断发展，多重概念相互结合，逻辑范畴之间相互影响和延伸，最后都在逻辑上发展出一定的合理性，最终彰显出丰富多彩的概念和逻辑范畴。其次是自然阶段。在这个阶段绝对精神以自然的形式表现出来，山河湖海、电闪雷鸣、风、光，还有磁等。经过这样的一个机械化阶段和物理化阶段之后，第三个阶段随之出现。第三个阶段就是有机阶段。在这个阶段中，逐渐有了生命这一概念，树木花草、鱼虫鸟兽等有机物质出现。

在时间的不断迁移中，三个阶段的物质不断整合、进化，最终有了人的出现。人出现之后就开始出现意识，这便迎来了绝对精神所显现出的精神阶段。理念开始以原本的形式体现出来，就像人类的意识中想要做成某件事一样。在准备阶段意识本身可能不会表现出来，但一切准备工作完成之后，意识所想要达到的目的和表现出来的东西就会逐渐浮出水面。这种意识开始以有形的形式表现出来，让原本不拥有这个意识的人也感受并且理解到这个意识的存在。

在客观唯心主义的理念中，我们所看到的、理解的形式只是一种暂时性的表现，这种表现具有很强的流动性，是不断演变的。对于这种演变规律我们无法完全理解，只能在它发展到一定程度的时候意识到它的某些规律。在某个阶段没有筹备完全之前，我们无法顺利进行下一个阶段，就像准备工作没有做充分，想要显现出的某种精神的效果是不完整的一样。我们会在形式的制约下觉得有局限性，而这种形式在任何时间、任何地点都是存在的。矛盾的体现无处不在，这也恰恰符合绝对精神的定论和规律。

客观唯心主义为人们对事物的认识增添了一种双向理解，为某些科学不能解释的事物找到了一个突破口，也推动了后世哲学思想的进程，对现代社会的发展产生了深远影响。

绝对唯心主义

在唯心主义的发展进程中,常被人们忽视的一个角落大概就是绝对唯心主义了,近代哲学已将绝对唯心主义归结为黑格尔的客观唯心主义的同义词。也就是说,黑格尔哲学中的"绝对精神"是作为世界本源的唯一独立的存在这一概念就是绝对唯心主义。

黑格尔在哲学史上的成就可谓"前无古人,后无来者",他的思想和哲学理论超越了前人并为大多数人所认同和接受。实际上,在绝对唯心主义的发展进程中,还有两个被人们遗忘的人,他们分别是主张"绝对自我"的费希特和发展了无差别同一哲学的谢林。

最早提出"绝对"这个概念的是德国唯心主义的代表之一费希特。早年费希特接受了康德的思想,发现了物质到意识之间有

一道难以逾越的鸿沟，因此对唯心主义表示认同。但费希特并不赞成康德将表象与物质本体分开的意识体系，这样的观点是不符合逻辑性且不严密的。因此，费希特抛弃了"自体"这个概念，取而代之的是"绝对自我"，这种绝对自我先于人的意识，先于一切经验。费希特的绝对自我，就是一个先于自体而设定自体的存在，它是个体自我存在的原因，而这个个体自我存在的一切形式都是在绝对自我的把握下表现出来的。这个绝对自我就是本原，也是一个独立的存在，因此费希特认为，每个人的意识都是自由的，而每个人的本身，也就是自体，都是独立的。当人作为自体存在的时候，只有行动和绝对自我的意识在同一层面上，这才是这个自体最自由的时候。

费希特的绝对自我哲学思想影响了很多人，包括后来超越了他的黑格尔和叔本华。与此同时，还有一个与费希特一样，在德国唯心主义哲学上起到"链条式"作用的人，他就是谢林。黑格尔正是继承了谢林的客观唯心主义思想路线，才有了之后在哲学思想上的进一步发展。谢林虽然最初是费希特哲学思想的拥护者之一，但他在研究康德和费希特的主观唯心主义思想之后，将主观唯心主义转化成了客观唯心主义，将他们的主观辩证法推广到外面的世界，建立了自己的"同一哲学"体系。谢林发现了在费希特的绝对自我哲学思想中被忽略的自然这一部分，如果说自体是有意识的，那么自然的产生就无迹可寻。谢林的同一哲学将主观事物与客观事物进行整合，作为一个浪漫主义思想的哲学家，谢林将主观事物和客观事物之间的联系投注的是虚构的想象。谢林的绝对同一性即无差别同一，在他的理念中对于"本原"的概念总是闪烁其词，他将费希特的客观唯心主义观点和斯宾诺莎的泛神论相结合，在某种意义上也是将科学逻辑与信仰相结合，得出的哲学思想较失条理性。

谢林的绝对同一性既不同于柏拉图只承认一个唯一本原的理念，也不同于康德的认识论，绝对的同一中的"一"指的是万物，这个同一性是万物的根本，而万物都是它的外在表现形式。即便谢林是处在费希特和黑格尔的中间位置，成就和光芒容易被前人和后人掩盖，但他在哲学史上的重要性是不容忽视的。谢林首次将本原定义在人和自然之外，这也为黑格尔辩证哲学思想的启蒙奠定了基础。

就像谢林虽为费希特的拥护者，但也在某些观点上有着自己的理念一样，黑格尔虽然继承了谢林的思想路线，但在"绝对"的理解上和谢林有着显著的区别。黑格尔所认为的绝对是矛盾的，也正是因为绝对精神自相矛盾地发展，才会显现出一个流动的物质和意识的具体行为。在黑格尔的绝对精神中，表述的是自己独特的思想，这为各种神秘的存在找到一个合理的解释。

唯心主义从康德发展到黑格尔是一个漫长的过程，它是由德国古典唯心主义开始到以绝对唯心主义结束的一场哲学革命。从最初不彻底的、半心半意的先验唯心主义升华到彻底的、完整的绝对唯心主义。在康德的观念里，世界和心灵是一致的，我们所看到的部分在世界的表现形式上有着决定性的意义，但这些不涉及其他事物的存在。在经过不断转折和发展到黑格尔时，外物

的存在和人的内心完成了一个整合，它们之间有着相似的关系，都是绝对精神在某个阶段表现出来的外在形式而已。康德的这种思想在各个方面的关系上处理得更纯粹、更简洁，也更符合逻辑性。很明显黑格尔在主要的观念上并非继承康德的思想，更多的是论证然后推翻原来的理论，而后建立新的属于自己的哲学体系，经过不断改造之后才有了最后的较为完整的模样。两者对社会造成的影响也相差甚远。

黑格尔在对"绝对精神"的探索中将辩证法与之融合，从哲学的观念出发，建立起一套较为完整的哲学体系。一个逻辑要能够引出下一个逻辑，并且这些逻辑都有一定的思想基础被世人所认可。

黑格尔的绝对唯心主义也被称为新黑格尔主义，它的意义已经极其深远，摆脱了前人的哲学成就光芒，发展出了一套可以独立出来的哲学思想。作为现代西方唯心主义哲学的流派之一，从19世纪开始便对社会、科学和哲学不断造成影响。但在不同时期，人们对这套观念有着不同的理解，它在各个时期的表现形式也大相径庭。人们根据自己的理解，有时将新黑格尔主义定义为主观唯心主义，有时将它当作客观唯心主义，这对各种哲学理论思想的发展都有着举足轻重的意义，可见新黑格尔主义对近代产生的深远影响。黑格尔对矛盾的积极意义始终抱有积极的态度，他的辩证思维也最为透彻。我们所处的时代正是要善于分析、敢于质疑的时代，矛盾是一定会存在的，爱因斯坦的相对论也充分说明了这一点，一味地规避矛盾并不能解决本质上的问题，我们要从这些矛盾中找到可以利用的、有益于我们的东西，将之合理利用，发扬光大。

19世纪后期，不少想要激发动荡或是证明自己的人曲解了新黑格尔主义，试图利用权威来巩固自身的位置。他们口口声声说要复兴新黑格尔，企图以此来反驳唯物主义，这不仅破坏了黑格尔理论思想的合理性和理性，也是对历史观念的抹杀。要真正理解绝对唯心主义的哲学思想，尊重事实、遵循历史才是最重要的。

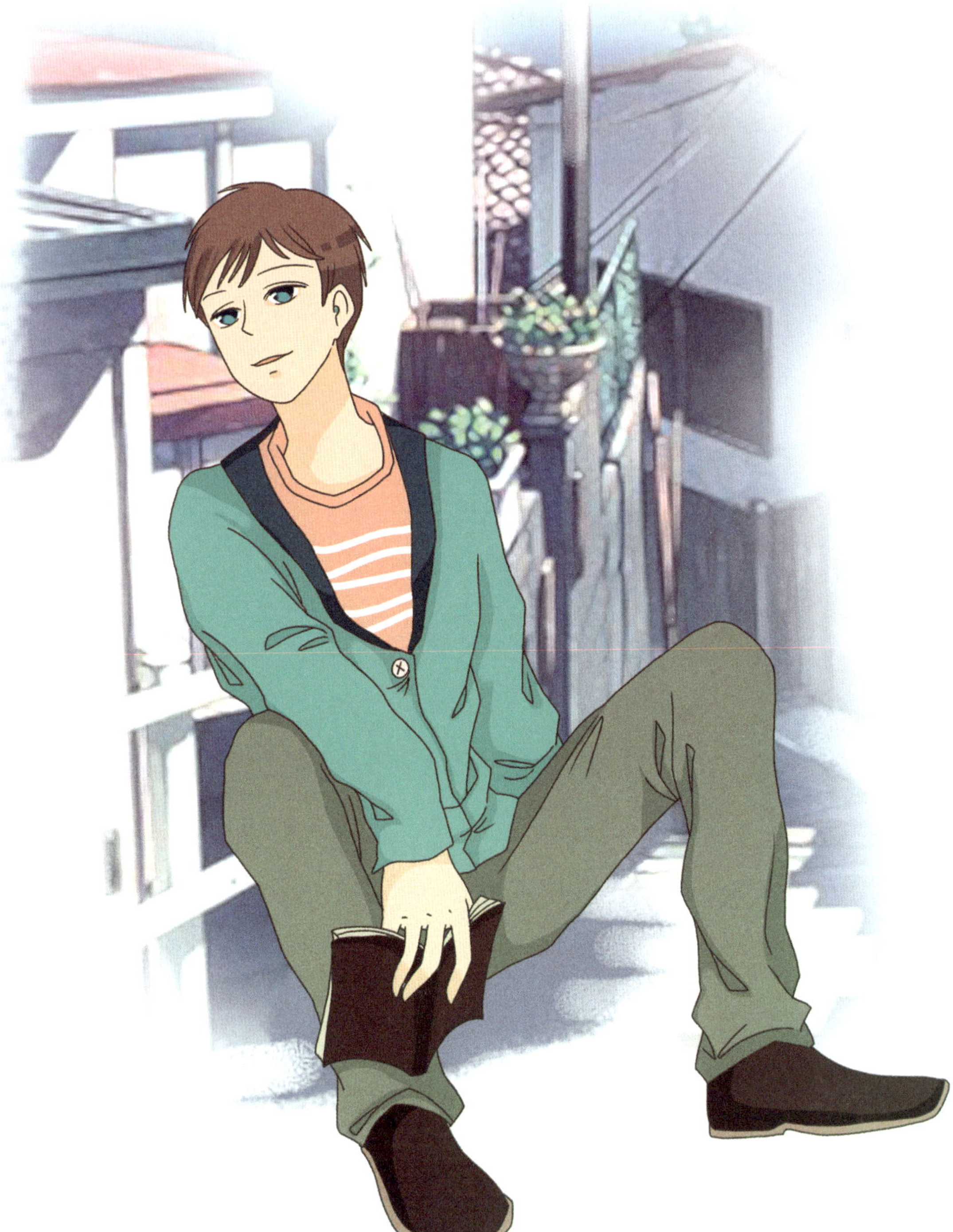

第三章 现实主义

现实主义的起源
现实主义的发展
现实主义与理想主义

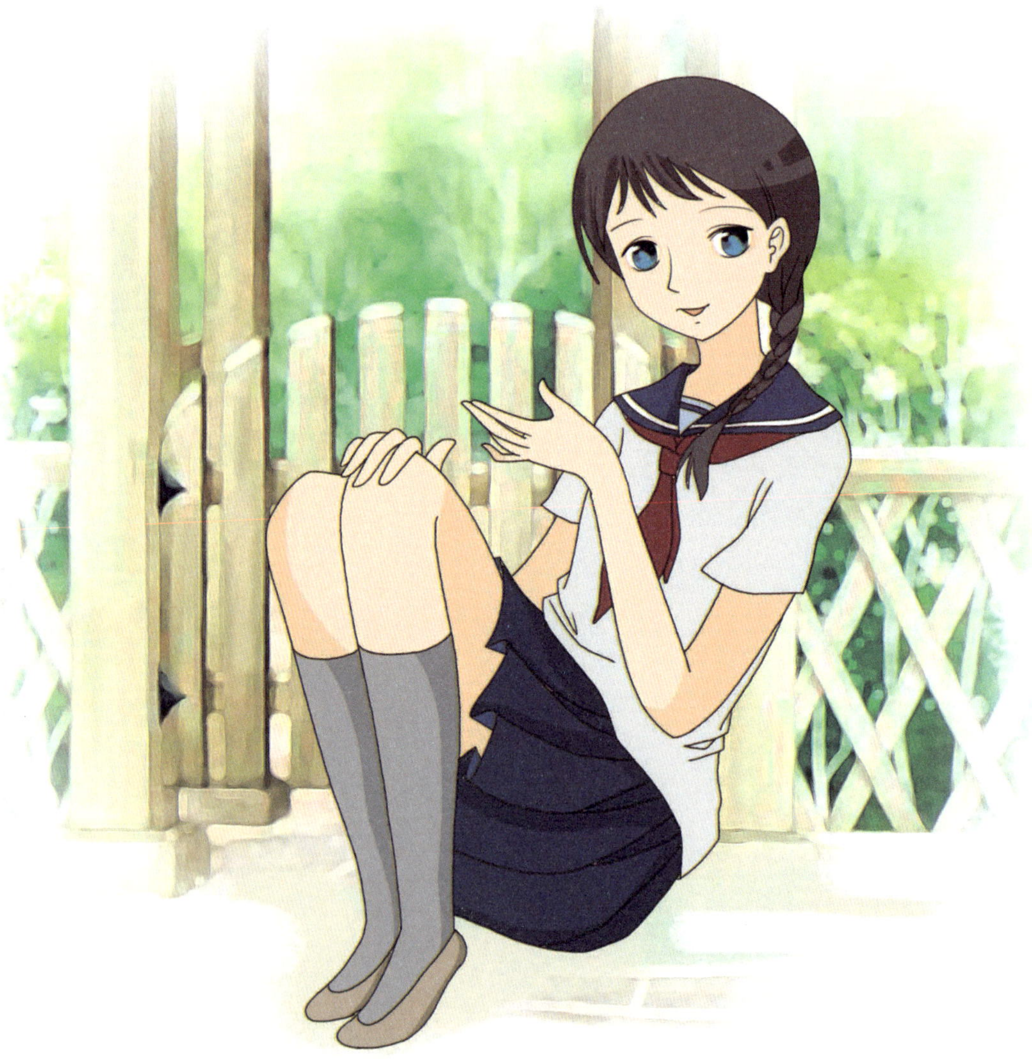

现实主义的起源

所谓现实主义，从字面上理解自然是与现实相关。那么这个"现实"指的又是什么呢？现在提到现实主义，联想到的一般是现实主义文学、现实主义艺术等，但是实际上，最先提出"现实主义"这一概念的是哲学家、思想家、教育学家亚里士多德。

古希腊的人注重在精神上的探索，涌现了大批浪漫主义哲学家，其中有两位哲学家不得不提，就是苏格拉底和柏拉图。柏拉图作为苏格拉底的学生，与他的老师一样饱含浪漫主义色彩，而且柏拉图的浪漫主义更甚于他的老师，柏拉图式的爱情就是最好的证据。亚里士多德是柏拉图的学生，这个学生非常尊敬他的老师，亚里士多德的"吾爱吾师，吾更爱真理"，已经成为历史上的一句名言。

亚里士多德非同凡响的地方无疑是他百科全书式的头脑，

他所涉及的领域包括哲学、逻辑学、物理学、生物学、心理学、政治学、美学、教育学等，并且创作了大量著作，在各个学科上都有所贡献。但在学术主张上，他和他的老师有着截然不同的地方。柏拉图以自己假定的理想国作为标准，试图用哲学伦理来改变和治理国家，让每个人都接受哲学，激发出他们的善意，以获得国民安生，繁荣富强。亚里士多德却对人性和理智始终持有怀疑态度，他不能确定每个人天生都是"善"的、有天赋的，即便是善的，这种善也不一定会被激发出来。所以还是应该从制约人的行为入手，以保证国家的安宁。

亚里士多德非常注重现实中的存在，他在物理学上的造诣颇深，这更推动了他对现实的深入了解。他主张从历史和现实中挖掘某种规律，这种规律是人们在历史和传统中遵循和默认的东西，以此来建立法律，而并非从哲学的角度出发思考人性，一味空想，想要建立起法律始终要贴近现实。这一观点几乎对后世西方的每个哲学家都产生了一定的影响。亚里士多德的成就和研究也为广大学者奠定了颇为坚实的基础。

然而在那个时期，人们并没有摒弃理想中的东西，绝大多数哲学家依旧保持着浪漫主义色彩。真正将现实主义发展起来，并掀起一股现实主义思潮的，是在后来法国的一场革命运动中。19世纪的法国迎来了一次历史性的大变革，七月革命推翻了波旁王朝之后，建立了代表资产阶级的政权。在随后两年的改革中，资产阶级直接参与政权，这意味着法国已经逐渐脱离封建主义制度，走向资本主义制度的新阶段。从权力第一到金钱第一观念的巨大转折，直接影响了人们的思维方向，物质利益似乎顺理成章地成为人们最关注的东西。人们对物质利益的追逐比对权力的争夺更为疯狂，金钱是取之不尽的，而权力之上总有更大的权力。并且得到某种权力是有基础条件的，阶级的斗争也是有限的，而金钱利益人人都可以得到，人人都可以通过自己的方式得到。在过度热衷和依赖物质财富的社会环境中，人与人之间的关系逐渐恶化，出现了新的剥削形式——富人对穷人的压迫和剥削。

理想逐渐成为空想，人们需要以更直接的方式获得在社会中的存在感。打击和压迫只能迫使人们放弃理想主义和浪漫主义，那些都是愚蠢的、虚妄的。现实需要人们以一种更为冷静的眼光审视自己的价值，要想在那样一个社会中生存下去，就必须适应当时社会的法则，以新的态度面对现实，寻找到适合自己的生存方法。人们的思想变得更加客观，每一步他们都要考虑到自己的利益，这种利益是每个人都有可能得到的。正是因为利益具有这样的广泛的可能性，使得其流失的可能性也越大。新建立的资本主义步履维艰，因此充分剖析现实和冷静分析自身利益的风气开始弥漫，浪漫主义色彩慢慢褪去，现实主义气息扑面而来。

现实主义的扩张不只体现在社会风气上，还体现在哲学思想上。近代不断发展的科学和技术引导人们打开视野从新的角度思考哲学；对空想主义的分析和批判，对堂吉诃德的嘲讽和厌弃，孔德的实证主义以及黑格尔的辩证法，都在人们的思想中埋下了现实主义的种子。越来越丰富的科学知识应接不暇，人们在物理学、生物学、自然科学上的新发现不断充实着人类社会，人们对这些知识的承认更是鼓励着研究者们继续发现新的、更多的、更全面的知识。

　　社会的腐坏渐渐扩散，将人民拉进无边的黑暗中，人与人之间因为利益关系相互挤压，人们轻易地就被当下的威胁和生活的艰辛制约了。悲观主义者更加悲观，长期被压迫的下层人民很难有机会振作起来，他们有的苟活，有的死于压迫。现实主义的世界观就是在这些因素的刺激下产生的，它建立在人们对现实社会的悲观无奈和社会道德的不断腐朽之上。人们对这种现状既不屈服也不抵抗，现实主义者将历史看作循环的而不是在不断进步的。人们思想改变最直观的表现是在生活态度上，而普及和反映这种生活态度的就是文学和艺术。新的东西不断涌现，这些对人们产生深刻影响的东西促使人们记录自己这种被冲击的感受。不论是在文学上还是在艺术上，作家和艺术家们更倾向于还原事物的真实性，通过对社会细致入微的观察和体会，细致地描写社会现实。

　　现实主义逐渐演变成一种表现手段，成为"写实主义"。从思想角度来看，作家们逐渐倾向于通过反映真实的社会状况，对现实进行批判，他们从众多经历中抽取最经典的片段，让人们从整体看故事的大局观中觉醒过来，试图停止人与人之间这种周而复始的悲剧。在作品中他们将人性中的恶展露无遗，现实主义作品杂糅了历史和现实故事，用贴近生活的方式来叙述故事，读者很容易就将自己带入情节中，与故事中的主人公感同身受，并产生共鸣。不仅是文学作品，艺术作品的还原度也大大增强，鸟儿啄食画上的樱桃、人拿着鸡毛掸子驱赶画布上的苍蝇，这样的逸事比比皆是。由此我们不难发现，现实主义的扩张和普及慢慢深入人心，这种深入也体现在人们的各种表达形式上，并逐渐扩散到每个细节上。艺术与人们的思想相结合，主要目的还是要从思想上改造人民。

从本意上来说，现实主义既是一种哲学传统和世界观，也是包含了人们思想的一种表现手法。历史和当代的经验不断累积，一些人逐渐发现了之前被忽略的在历史道路上的一些共性，并得出人性本恶的结论。他们认为有些事情是不可抵抗的，只有接受现实才是最实际的做法。这种悲观让人觉得无奈，人们顺其自然地想要确立一种新的生存方式。现实主义还逐渐深入到国际关系中，人与人之间的利益关系和冲突逐渐扩散，各国与各国之间的关系也出现了同样的情况，由点及面再到全体。这种发展本身就是一种必然性，国家是人的集合，当这个集合中的每个小分子都朝着同样的方向发生改变时，这个集合也必将朝着那个方向改变。这源于一种根深蒂固的支配，客观事实也使得社会根本无法避免这一转变。国家与国家之间的关系在国家里的人的现实主义观念的累积中也越来越贴近人与人之间的关系模式，国家与国家之间的利益冲突、权力争夺和相互威胁也直接影响着人民的利益和安全。

国家和人民更需要以客观的方式对待国家与国家之间的关系，因此现实主义也成为处理国际政治的一种手段。权力、武力、经济实力是一个国家强大的象征和标志，但若国与国之间只

用这种单一的形式和标志来维持相互间的关系，而没有制约作用，这无疑会成为那些实力较小的国家的噩耗。因此，现实主义者根据国际局势，提出国家不仅要在内部增强自己的实力来巩固自身的地位，还要建立某种国际关系相互牵制，避免强权争霸的恶劣局面出现。这种关系模式的建立也需要从现实情况中总结经验加以研究，那么如何保证世界的和平与相对稳定呢？首先，每个国家都应该是一个独立的存在，不能像人与人之间那样有严重的阶级层次。这是因为有压迫就会有反抗，国家与国家之间若是出现等级分配，战争的爆发也将很快到来，因此保证各国这个独立存在的权力均衡是非常必要的。在同一个系统中，不同的存在或许会有大小轻重的表现，但是每个存在都有自己的绝对权益，以建立起和平稳定的国际政治结构。

在思考国际关系体系的过程中，还出现了一批新现实主义者。古典现实主义是对人类道德和能力的悲观，对人类社会感到无奈；而新现实主义则是对国际关系的性质感到无能为力。不论采取何种手段和方式，都不能完全避免矛盾和冲突的出现，但当人们描述和面对现实时，总是会超越这种悲观主义。财富、权力、武力这些既是巩固自身在社会和国际关系间地位的手段，也是自身发展的目的，人们依旧在积极面对这种种无奈，努力达到目的。

现实主义的发展

新的思想主张的出现让人们从旧的观念中脱胎换骨，作家和艺术家们逐渐抛弃了浪漫主义思想，纷纷走进现实，并在作品中将这种思想表现出来。如果说从前的文章、小说、绘画作品、雕塑作品主要来自幻想或是传说，那么从19世纪开始，作家和艺术家就开始向写实靠拢，以越接近真实、越生动为准则完成自己的创作。

现代主义代表作品的涌现主要可以分成两个阶段，前期是19世纪30年代到60年代，后期是19世纪70年代到20世纪初。现实主义是人们在思想上逐渐达成的共识，在文学和艺术里也掀起了一场运动。人类世界的物质内容越丰富，人类接触的东西就越多，思维就越复杂。高度还原现实，将艺术建立在生活之上，更让人觉得震撼。

实际上，现实主义作品的发展也是从古希腊时期开始的。西方的第一部重要文学作品《荷马史诗》就详细而生动地记录了古希腊时期的历史、地理、文化风俗等，用艺术手法较为具体地记录了特洛伊战争和战后国王与皇后团聚的故事，以广阔的视角展现了整个古希腊及周边人们的生活，为古希腊公元前11世纪到公元前9世纪留下了唯一的文字史料。不仅如此，《荷马史诗》中所塑造的人物性格和形象也极其丰满，极具真实感。这一切都来自细致入微的观察和对现实深入全面的了解，作品中对于历史事件、场景、人物的还原轻易地将读者带入作品中。《荷马史诗》虽然不是严格的历史著作，但是对历史的保留和记载在一定程度上已经具备了史书的某些作用和性质，也成为历史上首部现实主义文学作品。

如果说古希腊、罗马时期的古代朴素现实主义作品只是现实主义的汪洋中被微风吹动的浪花，那么真正的海啸的来临应该是文艺复兴时期的现实主义。意大利既是文艺复兴的原产地，也是近代现实主义的原产地。资本主义的发展带领人们从宗教神学的桎梏中解脱出来，积极寻求现实生活带来的乐趣，人们不再需要从思想中获得生命的价值，而是从现实生活中寻找自己的价值。

但那时候资本主义的缺陷还没有暴露出来，在资本主义发展前期，人们主要在文学作品中反映客观现实，主要目的是让更多的人从封建主义精神中苏醒过来。例如，在画家乔托的艺术创作中，虽然作品题材依旧是以宗教和神话为主，但是在作品中，他对人物的真实描绘和现实世界的充分反映反而更加突出了宗教的空洞。在这种刺激下，人们更容易接受的是真实的、可以直观感受到的可信的东西。正是在众多对现实世界加以描绘的作品中，意大利向资本主义社会发展的道路愈加平坦。

待文艺复兴时期资产阶级逐步走向正轨，人文主义成为人们所推崇的主流意识，从这种发展模式中已经完全可以看出现实主义的身影，人们所能看到的、研究出来的、那些更有利于我们生存和发展的东西显得更为可靠。但在资本主义的统治下，人们对利益和权力疯狂地追求逐渐形成风气，社会显现出一种弱肉强食的本质状态，人文主义中的"人"并没有建立在绝对公平的基础之上，因为人与人是不同的。在这种不公平的情况下，人们依旧在追求自我，渴望获得更多的自身权利和自由，充分发挥自身的能力，实现自己的价值，进入更高的阶层，从而获得其他人的认同。

在资产阶级迅速发展的过程中，阶级矛盾开始变得尖锐而深刻，这个时期产生了一个以戏剧为主流的艺术群体，他们通过将真实故事、观念和社会现状相结合，然后加以改变，还原成戏剧，来批判、讽刺当时的社会现实。在文学作品《堂吉诃德》中，塞万提斯塑造了一个在现实社会中沉迷于骑士小说的人物形象，主人公堂吉诃德脱离实际，沉迷于自己的主观幻想，他一直生活在虚幻的骑士生活中，最终悲惨死去。《堂吉诃德》描述了当时社会的黑暗，揭示出下层人民活在深渊之中，也有一部分像堂吉诃德一样的人，一生都活在幻想之中，即使他坚持不懈的精神值得我们学习，但在短暂的人生中，觉

悟比坚持更加重要。

在从封建主义走出来之前和之后，社会都处于一种相对矛盾的状态，资本主义的不成熟和新的社会制度的不完善带来的种种困惑，需要人们积极从现实中找到突破口，引领人们看到新的光明。

文艺复兴时期也是文学和知识迅猛发展的时期，在此期间的文学作品相当优秀，作家和戏剧家们用语言文字所表现的精彩绝伦的故事情节深入人心，人物形象包罗万象，思想内容更是引人深思。这为后阶段各个国家和民族现实主义的发展打下了坚实的基础，现实主义作品从一个高标准发展起来，后代作品也不断更新和超越。

17世纪的欧洲古典主义文学主要以戏剧为代表，作家、戏剧家将现实生活以戏剧的方式精练、浓缩地展现出来。这一时期的戏剧主要描述的是贵族和上流社会的生活，讲述他们的爱情和婚姻。前期的代表人物阿尔迪以悲剧的手段描述当时人们的生活，后期的代表作家拉辛同样创作悲剧作品，他对绝对王权政治制度的批判和社会矛盾化的感受描写得十分到位。这个时期，一批现实主义戏剧作家相继出现，莫里哀作为现实主义戏剧的鼻祖，在《唐璜》《悭吝人》等作品中，充分表现了自己的民主主义思想，他在作品中分别揭露了贵族阶级的无耻行径、资本主义的贪婪和吝啬，对人性本身的优点大加赞美。

19世纪法国著名作家巴尔扎克在创作浪漫主义小说失败之后转而进行现实主义小说的创作，留下了许多优秀的作品。在其代表作《人间喜剧》中，巴尔扎克以客观、冷静的写作手法，准确的语言修辞，将法国贵族的没落、封建主义制度的消亡和资本主义崛起的整个过程完美地展现了出来，在金钱利益包裹下，人性的扭曲和生活的窘迫在作品中一一呈现。出生于医生世家的伟大作家福楼拜以客观而冷漠的写作态度著称。在《狂人回忆》和《情感教育》等小说中，福楼拜以现实人物为原型，对故事精雕细琢，对人物性格和情感的捕捉非常到位。这使他成为自然主义文学的先驱，他的创作形式也影响和成就了法国最后一位现实主义小说大师——莫泊桑。莫泊桑出生于没落贵族家庭，他求学、求知、入伍、经历战争，在受到了文化的熏陶和战争的磨炼之后，莫泊桑对人性有了较为清晰、深刻的了解，也清楚地看到了法国军阀的可耻和当权者的卑劣，人民英雄抗敌的爱国热情将他打动，这些经历都让他感触颇深。莫泊桑在短篇小说上的艺术成就斐然，他在写作手法上几乎不采取浮夸的手段，只是将人最平常、最真实的情感描写出来，故事情节和人物性格都极具合理性，非常逼真，达到了活灵活现的地步。

和现实主义文学一起发展起来的还有现实主义油画。现实主义既是艺术的创作方法，也是表现手法，相对于之前的浪漫主义艺术作品，现实主义更加注重对大自然和人们生活的描绘和赞美，人们更倾向于真实美。这种艺术创作主要来源于生活，反映人们看到的真实景象。风景画的杰出代表柯罗总是能够忠实地描绘大自然的景象，加上自己独特的情感方向和眼光，使得作品向着柔和、诗意的方向发展，这让柯罗的作品极其优雅，别具一

格，让人们产生了一种从现实中找到了梦幻般的感觉。巴比松画派的代表人物之一米勒则以质朴、凝重的画风著称，他在色调的处理上给人一种浑厚沉着、充满力量的感觉，原本简单的生活在画中体现出一种质感，让人感受到生命和生活的分量。还有充满斗志的讽刺风格的艺术家杜米埃，他在创作中总是直面政治上和社会上出现的问题，大胆揭露人性的丑恶和社会的腐朽，用略微夸张的手法表现下层人民生活的艰辛和重重负荷。

  我国现实主义文学和艺术的发展没有西方国家那样有明显的过渡和阶段之分，但从最早的《诗经》就以现实为题材打开了现实主义文学的大门，古代的众多诗人也以写实的手法创作诗歌、诗词、杂剧，直到明清小说。不论是李白的"白日依山尽，黄河入海流"，还是陶渊明的"采菊东篱下，悠然见南山"，都以简洁明了、真实无比的手法描绘了当时的生活状态和生活环境。元代的各种杂剧也是从生活中抽取艺术成分进行组合、整理、还原，然后展示在舞台之上的。我国的现实主义文学极富民族特色，古代文人的诗歌、散文以及绘画作品都值得我们深究，有着极大的历史意义和研究价值。中国古代四大名著之一的《红楼梦》标志着我国古典现实主义文学发展到了高峰。《红楼梦》中对故事的详尽表述、人物性格的描写和人物形象的塑造，都有着极高的艺术研究价值。

  五四运动之后，中国的封建主义走向衰落，欧洲批判现实主义和苏联社会现实主义的引进对我国的文学发展产生了潜移默化的影响。它们激活了中国新现实主义的产生和发展，为近代文人的思想观念开辟了一条新的思路。鲁迅等一大批思想先进的文人想让人民群众能够尽快从封建思想的束缚中解脱出来，于是在进行现实主义文学作品创作时，将社会的黑暗描绘得淋漓尽致，试图从根本上让世人看清现实，让整个民族和国家从黑暗中苏醒过来。现实主义文学作品发展成人民与封建主义进行斗争的武器，不仅展现现实，而且以直白的方式解释现实，让更多的人接受并理解现实。

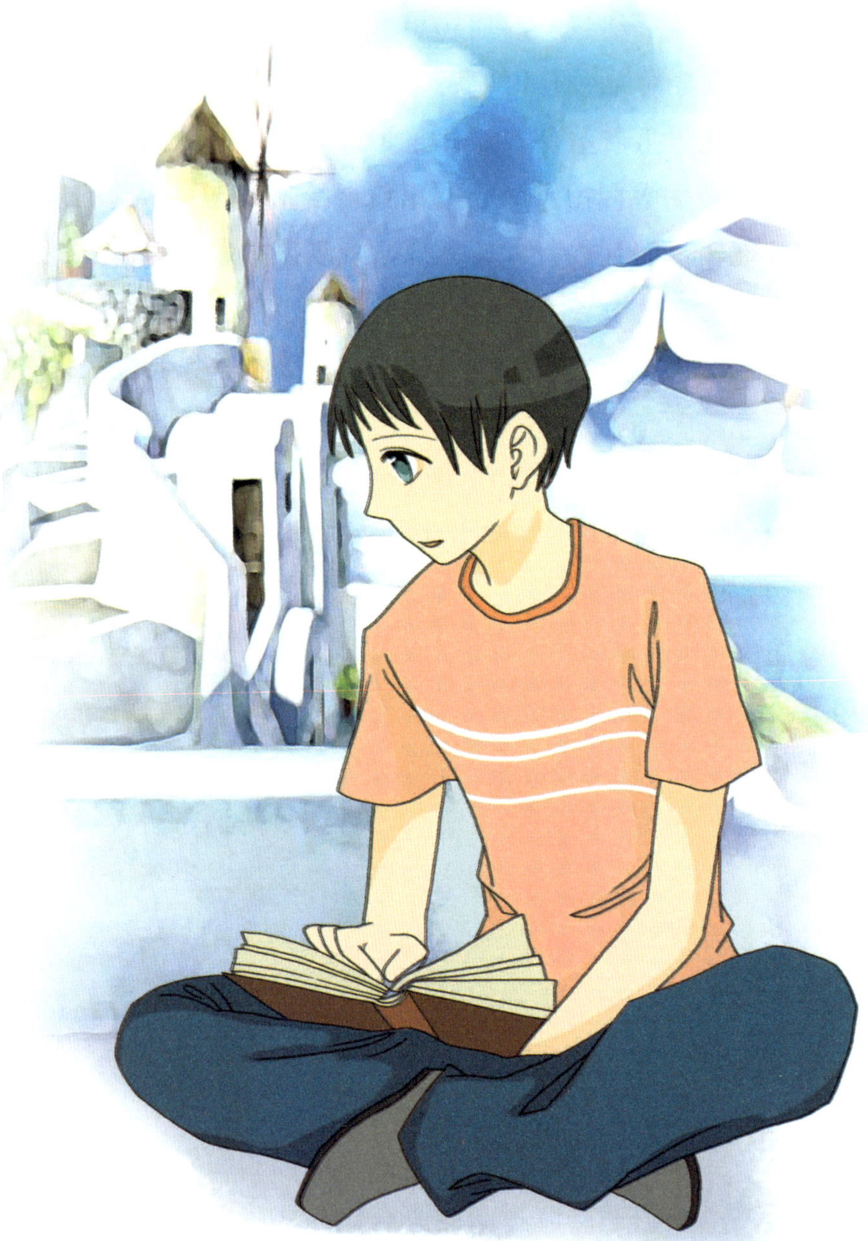

现实主义与理想主义

理想主义又叫作浪漫主义，早在苏格拉底时期，浪漫主义就已经存在了，之后在社会的不断发展和人类的不断进步中，人们逐渐向现实主义靠拢。人们的选择往往建立在自己缺乏什么的基础之上，绝对完美的人生是不存在的，因此需要填补生命中的空缺，让生命变得圆满，所以人会有所追求，有圆满的可能，人生才会有希望。

理想主义者超凡脱俗，他们活在自己的心中，而不是别人的眼光中，无论周围环境怎么样，别人的看法怎么样，只要符合他们想象中的样子，他们就能安于现状，平稳而快乐地活下去。现实主义者斗志昂扬，在金钱名利中相互追逐，以财富和权力来衡量自己的社会地位和人生价值，他们同样有目标、有理想，这种理想看得见、摸得着，可以完整地表达出来。现实主义者注重提

高自己的生活品质，理想主义者则更倾向于达到某种思想境界。

理想主义者或许会蔑视现实主义者势利，过于现实和物质性，在无谓的追求中把自己搞得身心疲惫。现实主义者或许会嘲讽理想主义者不切实际，不敢面对现实、接受现实，没有明确的目标，生活状态混乱。但我们必须承认，理想主义者清贫但愉悦的状态是令人羡慕的，现实主义者勇敢追求的信念也是我们需要推崇和赞美的。

一个人的观念和信仰要综合他的背景、生活环境、教育环境来看，人的观念并不是从一出生就有的，是在不断累积和周围环境的影响下经过长期的发展才形成的。科技的发达和经济的增长需要我们以现实为基础，直面人生，遇到困难是很正常的事情。人与人之间的利益冲突从古至今一直存在，不论是现实主义者还是理想主义者，在他们的心中都有自己的理想国。实际上我们没有理由批判任何一方，不论是哪一种人，他们的信仰都是支撑着他们更好地生存下去的基础，我们需要的正是这种乐观、积极的状态。

美国的一个大学做过这样一个调查：在毕业之后10年的人中选出一批人，调查他们对曾经的生活以及对现在生活的满意程度。由于理想主义和现实主义对成功的定义不一样，10年后对生活的满意程度和幸福感的程度也自然不一样。最后的调查结果显示，理想主义者普遍比现实主义者要更加成功。实际上这种简单的统筹并不能说明本质问题和社会真实情况，虽然看起来现实主义者的目标更为明确、更简单，但是实际上理想主义者追求的心理状态更全面，他们是始终活在现实社会中来实现自己的理想的。

实际上，理想主义的定义在社会发展进程中也已经发生改变，人们从最初的纯幻想，对心灵世界的极致追求，发展到现在的结合实际情况来树立理想，这样的理想主义是建立在现实之上的，它来源于现实，又高于现实。在现实生活中的生存状态达到某种高度之后，才算是达到了自己的理想状态，由过去的空想发展到现在的可以实现的理想，这种跨越也是人们在思想进程上得到发展的一种标志。人的理想往往在年少的时候建立，需要从过去的经验中推导出自己需要什么，金钱也好，尊严也罢，这些都已经建立在现实的基础之上。这种理想主义不只追求物质上的满足，其最终目的是达到心理上的满足。而纯粹的现实主义者在心理上也是需要得到满足的，物质和利益都是非常广泛的概念，其存在的形式多种多样，现实主义者容易盲目地追求其存在的各种形式，从不同的角度来满足自己，以此作为蓝本来实现自己想要达到的人生目标，满足自己的心理价值。

在思想观念和社会形态都发展到多种多样的今天，很多人都不知道自己到底是理想主义者还是现实主义者。

一天，一个年轻人问一个智者："我有自己的理想，也有追求，但这种追求又是从现实生活中来体现证明的，我理想的境界又常常被大家说成是不切实际的幻想，那我到底是理想主义者还是现实主义者呢？"

智者对他说："有一天你开着一辆车去郊游，在转角的地方不小心撞上了一辆花店送海芋的货车，你的损失比较重，那么你是希望花店给你赔钱还是给你赔海芋呢？"

年轻人犹豫了片刻回答："赔海芋吧，花还有观赏价值，可以送朋友、摆在家里，修车的钱用掉了还可以再赚，但是特地把海芋送给朋友的机会却不多。"

智者笑着对他说："你现在已经知道答案了吧？"

显然买海芋的钱和修车的钱是差不多的，但是当用现实物质来衡量它时，心灵的本质就体现出来了。生活在这样一个时代，更需要的是彼此理解，如今的理想和现实已经不能完全分开，它们是相互影响的。每个人都有追求幸福的权利，在追求幸福的道路上能够过得好一点才是最终的目的。

列夫·托尔斯泰曾说："理想是指路明灯，没有理想，就没有坚定的方向。"我们不能用现实来否定理想，追逐现实利益的过程也是我们达到理想状态的途径，理想主义者也应该走出完全摒弃现实的误区。我们无法一步就抵达自己的理想之地，而现实生活正是支撑着我们将理想继续进行下去的扶手。当你看到人们在城市里疲累地为物质生活奔波，无须惋惜，也不必质疑；当你看到有些人在悠闲地过着简单平静的生活，不用羡慕，也不要觉得没意义。不管是前者还是后者，都是我们与生活的博弈，胜负永远只有在下完人生的那盘棋之后才会被揭晓。

浪漫情节有它存在的必要性和合理性，它是我们生活中的绝佳调味品，追根溯源，人类世界在任何时代、任何地点都有浪漫主义的存在。通过这样一个层面来分析，我们生活中的一些细枝末节大抵也遵循着这样的规律。

　　万物都是共存的，若将万物画成一个圆，极端主义也不过是伫立于极小块的两片对立区域中。处于圆中间的大块面积就是我们大多数人所处的位置，它既是作为连接两种极端主义的载体，使其相互联系，又可体现出我们是偏向哪方的属性。就像时间轮回在春夏秋冬四个季节里，若以温度来衡量，夏冬就是处于两端的季节，都说温暖如春凉爽如秋，春、秋在两个极寒极热的季节间相互协调，才使得四季变得多姿多彩。

　　在某个城市，每到春天满城的粉红花瓣与风缱绻，从枝头飘落，直至地面，满地落红使人不忍抬脚向前踩踏。而在同一空间里，耸立的高楼大厦间不时传来呀呀的嘶哑鸣叫，四处可见的乌鸦从人们的头顶掠过，穿梭于高楼间的狭小夹缝中。落红披挂着理想主义的衣衫，乌鸦彰显着现实主义的影像，树木枝头、高楼大厦在接近它们的距离间平常得不发一语。而生活在那个城市的人们同样映染着两种极端矛盾的思想与生活方式，既发掘并崇尚一切事物的美好层面，又冷漠地抗拒陌生的世间人事，大多数人选择一个接近现实的方式平淡生活，维持两种信仰的微妙平衡。

　　浪漫主义作品和现实主义作品在我们的生活中有着举足轻重的地位，它们的发展代表的是人类思想的不断进步，我们活得越宽阔，思维越活跃，生活也就更加丰富多彩。作为一种文学艺术的表现形式，现实主义更注重"写实性"，浪漫主义更注重理想和幻想，例如神话、传奇或者自然传说；现实主义相对来说更加客观，浪漫主义则偏向于主观，在表现手法上注入了很多理想色

彩；在写作手法上，现实主义更注重细节描写，浪漫主义则常以夸张、比喻、象征的手法来表现；在人物的选择上，现实主义一般描写当代的较为典型的人物形象，而浪漫主义更多地描绘的是英雄或传奇人物。现实主义和浪漫主义之间的更替和转化是在经年累积下逐渐形成的思想方向。人类或许来自山河湖海，如今又囿于厨房与爱，这是一件事情发展到极致之后的必然转变，正是这样的换代更新，宇宙才能始终保持鲜活；某种文化、精神、意识、记忆只有不断地延续下去，才算是真正意义上的永恒。

我国古代思想家、教育家王阳明曾提出"知行合一"的理念，唯有不断质疑，并照着自己的观点坚持去做，才能实现自己的人生理想。但王阳明提出这个观点有一个大的前提——致良知。不管我们以何种态度面对人生，都要以"善"为出发点，在不对别人造成过分的伤害、不对社会产生危害的前提下，实践自己的观点，实现人生的目标。无论是现实主义还是理想主义，存在了就有它存在的道理，客观地看待它们、认识它们才是最重要的。

第四章

东方的哲学：道

《周易》中的"道"
《道德经》中的"道"
《庄子》中的"道"

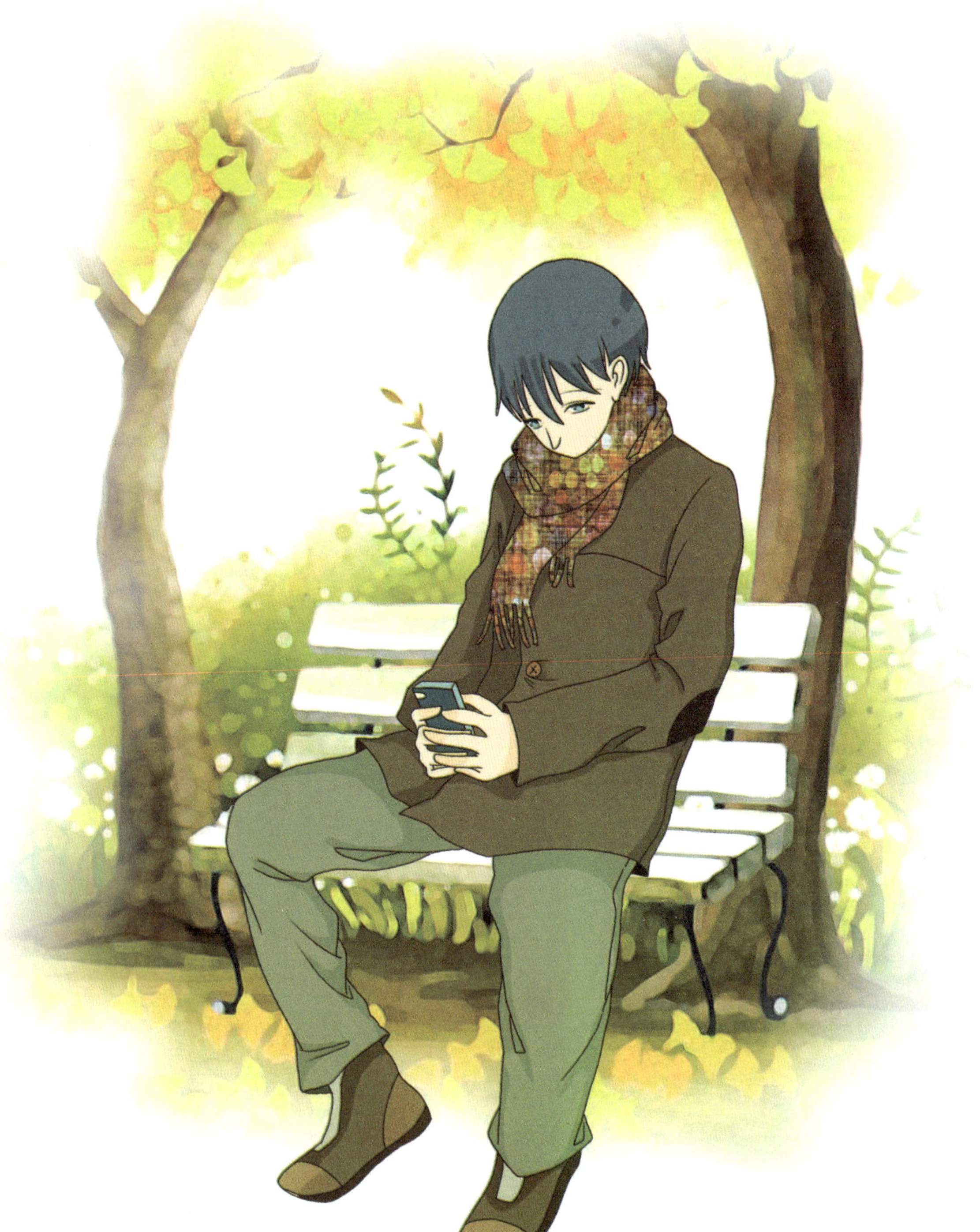

《周易》中的"道"

谈到中国最厉害的功夫，你脑海里是不是会闪过这样的情景：清晨，一群穿着纯白色绸缎功夫服、看起来非常健朗的老爷爷，在公园里一板一眼地打太极？说起黑暗神秘的宇宙，你会不会想起8颗行星围绕太阳旋转的美丽模型？当你脚踏实地走在路上，会不会感叹地理的广博无边，其蕴含的阴阳五行更是让人匪夷所思呢？某天醒来的时候，你清楚地记得刚刚结束的那个光怪陆离的梦，会不会也很想知道它的前因后果？这些，我们都能从一部古老而璀璨的藏书中找到线索，它就是《周易》（也叫作《易经》）。

关于《周易》的诞生，有这样一个故事：一个女人在一个名叫雷泽的地方踩了一个巨人的脚印而怀孕，12年后诞下一子，他就是伏羲。不久之后，一场洪水淹没了整个大地，只有人面蛇身的伏羲和他的妹妹女娲从灾难中存活下来。为了使人类能够继续繁衍，兄妹两人试图结成夫妻，可是兄妹结婚这个事实在令人难以接受，于是两人决定顺应天意。伏羲和女娲各拿一个大磨盘爬上昆仑的南北两山，然后从山顶往下滚磨盘，如果磨盘交合，两人便结婚。令人感到惊讶的是，磨盘在山下竟真的合而为一，两人也顺承天意，继续繁衍后代。据史料记载，伏羲不仅教他的子孙如何狩猎、捕鱼、畜牧、制作衣服，还确立了最早的婚姻制度，最重要的是，他还创造了最早的关于天地风火雷电等象形文字，也就是我们俗称的八卦，《周易》也由此不断发展而来。而《周本纪》中又有记载，相传周文王在被殷纣王关押的数十年里，刻苦钻研伏羲的"八卦"，并将其发展为六十四卦。

许多人对《周易》的认识有所偏差，认为《周易》就是算卦、看风水，就是迷信。实际上，《周易》包含的知识非常广博，它是中华文明在科学、文化、历史上的瑰宝，不仅带有东方神秘主义色彩，更是集科学和人文于一身。人们之所以对它产生误解，大都是因为只看到了它的形式，而并未真正了解它的内容。或许正是因为《周易》所涉及的知识如此包罗万象，才会让人困惑、思想混乱、以偏概全，它留给人的印象也越发高深和神秘。

《周易》简称为《易》。《周易》说："一阴一阳之谓易。"它还这样解释道："易有太极，是生两极，两极生四象，四象生八卦。"后者似乎可以推导出《周易》中所衍生出的庞大知识体系。

那么,"易"到底是什么呢?

"易"字因"蜥蜴"而得名。蜥蜴的形态多种多样,生存环境是它变化的主导因素。不仅如此,它在遇到危险或者捕捉猎物时,变化身体颜色并与周围环境融为一体,以此保护自己。因此,人们又称其为变色龙。相传《周易》为周人所作,而西周礼乐制度的变革即为"易"。除去历史因素,古代人们也将日月的更替看作一易,日出也为易。由变色龙衍生出来的含义还有变化、变易,人们根据阴阳变化观测出阳消则阴长、阴消则阳长的规律,两者交换变化,此消彼长,因此"易"又作"交易"解释。但显然,用上面的解释来概括《周易》中的"易"太过狭隘了。

人们曾经以为地球是静止的,地球是宇宙的中心,太阳围着地球转,后来在哥白尼的探索下,得出这样一个结论:地球围着太阳转动。后来,牛顿也向我们证实,即便地球是围着太阳转动,太阳自己也是在运动中的,甚至每个天体都是在不断运动的。

那么到底有没有什么东西是静止的呢?人类从古至今,无论是东方还是西方,都非常重视这个问题。永恒对于我们来说意义重大。牛顿认为,"以太"这种物质是静止的。以太无色无味,就这样永恒地存在于我们周围,为一个动作、一个眼神,甚至稍纵即逝的时间、种种细微的运动和变化提供介质环境。就好像鱼缸里的水,鱼缸里的鱼和植物在不断地运动,而水本身始终是静止的,它只为鱼缸里的生物提供生存条件。

在《周易》的概念中，世界万物也是在不断变化的，但总有一样东西是恒常不变的，那便是"道"，而这个"道"就是"易"的本质。就像人类社会在不断发展，人只有短短几十年的生命，但是不论在哪一个阶段，活着的是怎么样的人，人与人之间、人与自然之间的关系都是恒常不变的。《圣经》中也曾指出：伴随着太阳的升起与降落，地球上是没有新的事情发生的。第一次存在了的东西，必然会出现第二次；现在发生的事，也曾经发生过。《周易》中的"易"所包含的意思不仅是提出世间万物以及一切发生的事都随着时空的变换而不断变换，实际上从宏观来看，这本身就是一件恒定不变的事，即为"道"。

无论是牛顿的"以太"，还是《周易》中的"道"，都是幻想出来的假设，但这种假设并非无稽之谈。经过千百年的传承，这种假设依旧存在并为一部分人所利用，此"道"中的太极、两仪、四象、八卦以及六十四卦都不是由人的主观臆造然后杂乱拼凑起来的，而是用理性思维将一些客观存在的东西进行缜密的抽象化处理，不仅保留了其形象本质，在此基础上还蕴含着非常深远的意义。凡是拼凑出来的东西都很难做到"无缝链接"，尤其是思想上的合理衔接，《周易》所包含的哲学性、科学性、前瞻性都不是班门弄斧。

首先从《周易》中的"理"来说，六十四卦反映的是人与人之间的某种联系，同时六十四卦也与数学家莱布尼茨所发现的二进制理论基础一致。《周易》中的预测学有一套规整的逻辑分析理论，"理"是对世间万物规律的分析和哲学的探讨，"一切皆有因",而《周易》的预测学正是对事物的形成和发展用"理"分析后做出的合理解释。再从认识学的角度来看,《周易》恰好同时包含了人类的两种思维方式:理性思维与感性思维。这不但规避了种种理论的片面性和单一性,还将逻辑思维与想象思维相结合,取其精华,弃其糟粕,建立了一套较为完整的哲学和科学体系。正如阴阳爻若即若离,相互交融才能呈现出太极的完美形态,感性与理性相结合才体现出《周易》中的"道"所诠释出的透彻性。

几千年来,《周易》对中国的政治、经济、医学、文化甚至信仰等各个领域都产生了不容小觑的深远影响。中国传统文化大致能分为两派:一个是儒家,一个是道家。而我们知道,道家崇尚的是"上善若水",儒家推崇的是"自强不息",儒道两家一个阴柔、一个阳刚,这两者的思想源头正是来自《周易》。儒家和道家就像长江和黄河,在中国土地上都有着举足轻重的地位,几乎贯穿了整个中国的历史。《周易》中包含了对数字、方位、季节、变化的计算,在数学中也是如此,它是一种描述世界某些重要信息的方式。《周易》中"六爻八卦""两仪四象"的出现和推算方法也完成了最早的较为完整的数学任务。早在20世纪30年代,天文科学家就利用《周易》的八卦理论,预测了太阳系第十颗行星的存在,经过繁复的研究和计算,得出的结论也进一步证明了《周易》在天文学上的研究和贡献。在没有望远镜的情况下,建立如此正确、如此完善的推导系统实属不易。

《周易》的太极八卦阵、六十四卦图形所涉及的方面不只在

天上，也在人间。20世纪科学上的重大成果之一就是发现了人类基因组中的生物遗传密码，而令人倍感惊讶的是，六十四个生物遗传密码与《易经》中的六十四卦完全吻合，《周易》中所说的"四象"，也与基因密码中的基本组成碱基不谋而合。科学家们还发现，化学元素周期表中的元素也基本能从六十四卦中一一找到与之对应的位置，它们的表达方式不同，但原理和性质是一样的。前面曾介绍，《周易》是将复杂的东西抽象化，但这种抽象极具合理性，以致每个存在都能在这个大轮廓中找到与之相符的位置。《周易》开启了中国古代生命哲学的大门，与一些形同虚设的观念相比，它无疑是人类思想和智慧的结晶。

除了四象八卦，《周易》中还有一个概念是"阴阳五行"。对比之后不难发现，微观粒子就是五行的具象形态。阴阳五行有五种表现，即老阴、老阳、少阴、少阳、中性。而微观粒子中则是能相撞合一的正负粒子、不能相撞合一的正负粒子以及非正非负粒子。这一系列的对比研究，足以证实《周易》的预测性和科学性。无论是"四书"还是"五经"，《周易》都排在首要位置，这充分说明它在众多优秀思想中的卓越位置。它也是中华文化的开端，无论是"长江"还是"黄河"，抑或在漫长的历史河流中出现的分支，都离不开《周易》这座雪山，它也是一切文化的源头和思想的开端。

当今社会，我们谈到修身齐家、企业管理、人生处世、养生和谐等方面，都能从《周易》中领悟到一套合理的理念和方法。《周易》是中华文明史上的瑰宝，对天地万物都进行了性状分类，在世间万物一切的存在中，任何物质都能找到与之相近或是拥有大体相同属性的另一个物质，这样的传递和累积就有了分门别类。《周易》虽然将这种分门别类抽象化，但是每个事物都能在它的分类中找到属于自己的位置，看到自己的基本属性。《周易》广大精微，包罗万象，是中华文明中一颗无与伦比的明珠，为后世的发展方向做好了铺垫，奠定了基础。

　　《周易》的内容仍有许多值得我们探索的地方，如果盲目地将其定义为神秘主义，必然会影响到易学的良性发展，只有更加充分地挖掘出《周易》的价值，我们对它的了解才能更加透彻，了解它，掌握它，合理开发、利用它的价值，必将会为中国、为全人类带来新的发展。

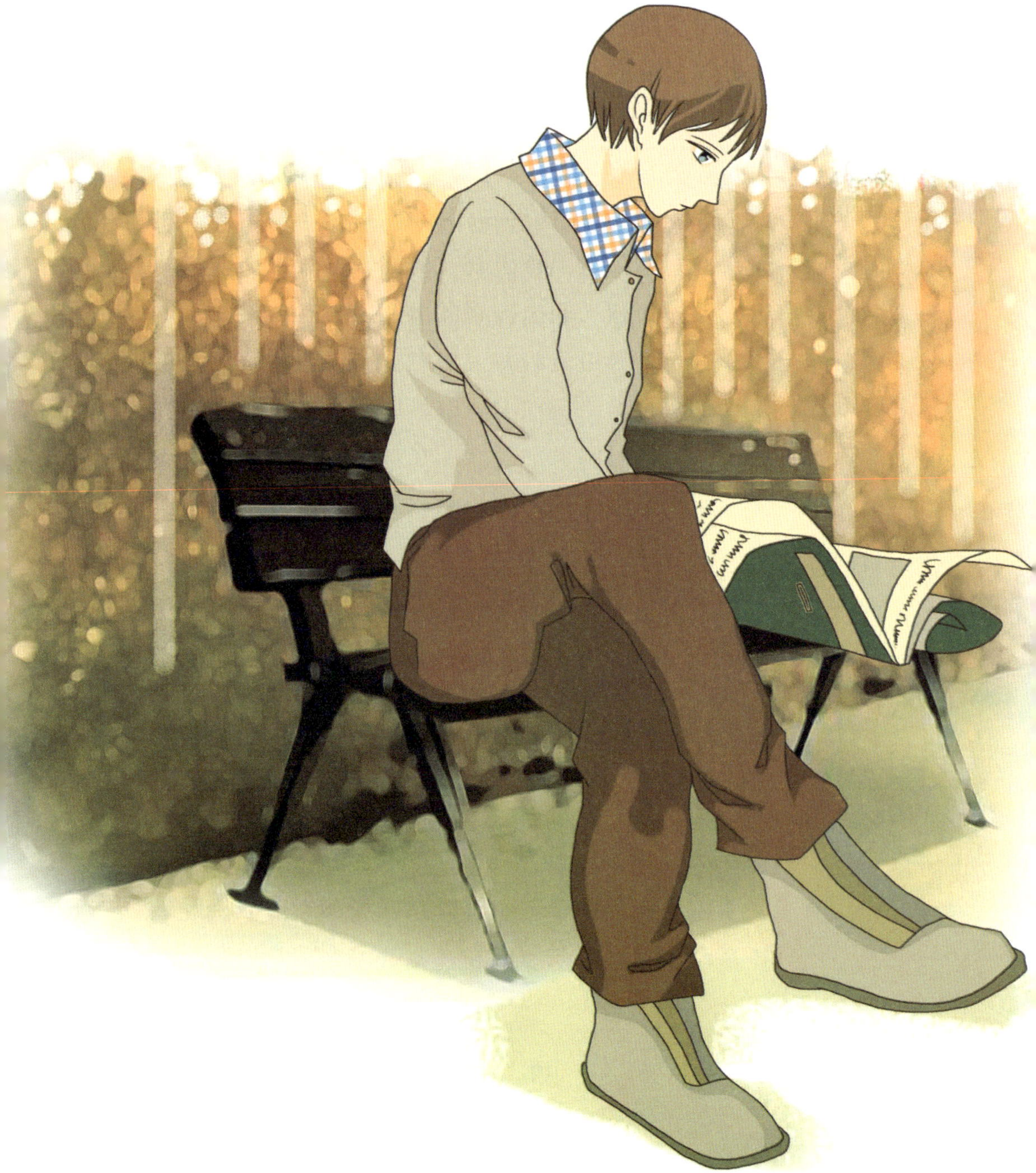

《道德经》中的"道"

如果有人问你，孙悟空是从哪里来的？你一定会回答：是从石头缝里蹦出来的。事实上，连说出答案的你也知道这不科学，这只是传说，但这个答案是大家共同承认的，是不可更改的"事实"。这样一个从石头缝里蹦出来的猴子也具有生命特征，它上天入地，无所不能；它桀骜不驯，却本性纯良；它长生不老，可以死而复生。孙悟空是人类对生命最高形式的表达，它是立体的、全方位的、多层次的，还是活生生的。但如果要我们说出它的实质，概括它，给它下定义——比如，它是一只石猴——却是不明智的。

《道德经》中的"道"也是如此，它不是天道，不是人道，也不是单纯的阴阳之道，当我们说到"道"的时候，每个人都会有自己的理解。孔子曰："道恒无名。"大概就是这个道理。它不是某种规律，而一切规律又都是它的表象，因此对于此"道"，我们只可意会不可言传，重要的是自己在其中悟到了什么。

《道德经》为道家创始人李耳所作，李耳也就是我们今天常说的老子。相传在东周时老子担任图书管理员一职，突然有一天辞职离去，骑着一头青牛一路向西。在经过大散关的时候，被镇守关门的官员尹喜拦了下来，在尹喜的劝说下，老子写下了这本传世之作《道德经》。《道德经》虽然只有5000字，但古往今来许多人穷其一生都在参透其中的奥妙。《道德经》的内容囊括了宇宙观、人生观、价值观、道德观、自然观、历史观。区区5000字能将这些都剖析清楚、解释明白吗？答案是肯定的。就像河里有很多的鱼，人们捕鱼而生，但一条鱼被抓走了之后，下一次抓到的一定是另外一条，或许捕鱼的人也和之前的不一样，但是捕到鱼的方法却有异曲同工之妙。《道德经》只有短短的5000字，它的作用就是将这些捕鱼的方法整理、疏通，将其浓缩为精华，子子孙孙方可取之不尽，用之不竭。

在有限的范围里探索创立一套宏伟的、完整的思想体系，是一件非常困难的事情，接触的范围越小，适用性也就越局限。但老子以他独特的视角，由点及面、由面及体，将宇宙的形成、万物的本原、国家的治理等一系列复杂的体系集中在一起。"道"本身就是一种创造，一种从无到有的创造，是老子哲学的最高境界，是宇宙万物从无到有的基础。即便它只是老子虚拟出来的东西，但在"道"背后的哲学、伦理、思想，则是为"道"的存在

而出现的。"道"高于一切，没有了"道"，宇宙万物乃至人类的一切也就都不会有。

回到对"道"本身的解释，从生成论的角度来说，老子有云："道生一，一生二，二生三，三生万物。万物负阴而抱阳，冲气以为和。"宇宙是在一个混沌的状态下开始的，道于宇宙存在之前就有了，宇宙存在之后衍生出一个阴阳二气的世界，在阴阳的相互作用下又生出第三种物质——宇宙的万物，于是一切都有了。就像人类世界中的家，有了人之后又分为男人和女人两种存在，男人和女人相结合就会有孩子，有了孩子之后便和父母组成一个完整的家，千千万万个家组合在一起才有了人类世界。宇宙本身就是一个从无到有的存在。

那么最原始的存在状态又是什么呢？"冲气以为和"一句表明，老子认为是"气"，由气分化成阴阳二气，在阴阳二气的相互作用下产生了世间万物。西方哲学家黑格尔认为，宇宙万物是由"绝对精神"的矛盾转化而来的，历史和存在只是这种矛盾的表现形式。老子也认为，"道"本身是不断运动的，万物是在它的不断运动中产生的，并且这种运动规则向相反的方向转化。我们常说的"以柔克刚"就是这个道理，看似柔弱的水却有着磅礴的力量，这种属性也和"道"相似。只是老子不能完全把握这种对立统一的内涵，不知道这种规律该如何循迹，对于矛盾双方转化的条件、方式都不得而知。老子认为，浩瀚无边的"道"永无止境，运行不息，但这种无休止的延伸并不是一直向前的，而是无限循环，就像我们沿着地球一直往前走，最终

还是会回到原点。

对于人生，《道德经》中蕴含的是"无为论"。《道德经》曰："道常无为而无不为，侯王若能守之，万物将自化。""无为"并不是真的什么都不做，而是在"为"之前就将一切考虑周全，为之后事情的发展铺好了道路，未雨绸缪，只等丰收。"无为"是一种理想状态，事事无为就是任何事情都在做之前就处理好，之后要发生的一切顺其自然就好，这种"无为"状态也只有圣人能够达到。在治国方面，"无为"并不是倡导君主不理民生，不谙朝政，而是不要违背自然规律，为了达到某种目的反其道而行。就像钓鱼，明明已经在鱼儿丰美的地方做好了鱼饵，放了长线，只等着鱼上钩即可，但这时候若是看到水中的鱼直接鲁莽下水去抓，就很有可能一无所获。聪明的人知道鱼一定会上钩，所以圣人并不是拥有多么强大的能力，而是懂得顺其自然，充分利用时间和空间，采取正确的方式达到目的。如果君子也能如此，那么天下必将是太平盛世，万物顺其自然地发展和消失，天下也会有它自己的规律。老子有这样的观念，或许是因为在他的哲学里本来就认为人是没有意志的，不具有人格的意义，人只是一种状态，而这种状态会由"道"来完成一系列的预设和活动，因此顺其道便能得到和谐。

那么"道"究竟为何物呢？正所谓"道可道，非恒道"。老子认为它是一种看不见、摸不着，但又永恒存在并且永不停息地运动的存在。它充盈于宇宙，甚至存在于比宇宙更广阔的空间中的每个细微之处；它是混沌的，而宇宙正是从这混沌中繁衍而来。没有任何一种物质能够改变它、影响它，它只会进行着本身周而复始的运动，它独立且不需要依赖任何东西而存在。任何一种东西都是"道"的必要非充分条件，都是它在运动过程中的某种表现形式。"道"是真正圣人般的存在，它滋养万物却从不求回报，成就万物却从不求功名，创造万物却从不加以占有，只是让万物顺其自然地发展。万物之间可以产生关系，而道与万物之间不需要往返关系来维持。对万物的恩泽，是"道"的伟大之处。

道即人生，人生即道。《道德经》中老子主张人们内敛、无私、不争、不贪、守朴、以和为贵。

所谓"内敛"，实际上是独善其身，充实自己，同时不骄不躁，虚怀若谷。在内敛中不断学习，在谦虚下不断进步，出淤泥而不染，亲近他人又不失庄重。

"无私"并不是教导人们放弃自我，而是不只顾自己的利益，有时候它也是一种"牺牲大我，完成小我"的途径。在竞争的时候输掉了，也是对别人成功的一种支持，这种关于利人和利己两者之间的辩证统一，正是人生价值观的最高体现。有失必有得，如若不是自己得到，那也被他人得到，在失去的同时自己也获得了一个得到更多其他东西的机会。

"不争"就是不怒。善良和忍让并不是懦弱，不争并不代表消极遁世，而是在"想要得到的东西"面前仍能保持理性，用正确的手段、合理的方式去得到。在竞争的过程中懂得忍耐，用宽阔的胸襟去接受任何一种结果。除此之外，人不能妄自菲薄，

有多少人在火树银花的都市生活中迷失自我，有多少人在恶性竞争中陷入怪圈，忘记初衷，又有多少人在小小的成就面前变得自大浮夸。万事万物以和为贵，这个"和"不仅仅体现在人与人之间、人与自然之间，还要求我们用更多的时间与自己和解。

老子提倡"天人合一，道法自然"。俗话说：时势造英雄。老子生于春秋战国时代，这个时期正是社会局势从奴隶社会转向封建主义的过渡期，物欲膨胀，人性堪忧。老子意识到这种局面持续下去对人类、对社会将造成的危害，在悟道的过程中洞察出人的出现是道在不断演变中的最高峰，过了那个点之后又将反道而行，最终回到原点。道以人的形式表现出来之后，人类又将这一切回归于道，所以人类即是道这一本原的最高演化阶段的表现形式，由此而推导出人性有"逆反"的特点。"天人合一"也就是告诉人们要循道而行，因为人的外在形式本身是背道而驰的，当人性战胜了外在形式，就将从背离天道的路上走回来，进入一个更高的层次，从而获得无穷的力量。就像水流，顺流而下湍急而磅礴，逆流而上艰难又缓慢。在政治上，老子主张人们清心寡欲，不能把物质的发展作为唯一目标，更应该注重修身养性，在物欲发展的同时用自身的修养来抵抗外界诱惑，从一人做起，再到一家、一邦、一国、一世界，直到子子孙孙都将这种德行继承延续下去。这也是实现大同世界的途径。

早在唐朝，玄奘法师就将《道德经》译成梵文传到印度等国，迄今为止，可查到的外文版《道德经》典籍已有一千多种不同的类别。我们不能说《道德经》被后世许多哲学家、教育家、文学家等模仿过，但可以肯定的是，无论在东方还是西方，《道德经》对许多名人的思想都有着很大的影响。我们也可以在他们的思想观念中找到与《道德经》的某种共性，比如黑格尔的"绝对精神"就与"道"的存在有异曲同工之妙；孔孟之道同样对《道德经》有所传承；托尔斯泰同样认同老子的"上善若水"，并认为人也应该像水一般。

　　从古至今，中国人的思想都或多或少受到老子的影响，它就像一棵大树，荫蔽了所有想在它的树荫下歇息的人。这棵树也深深扎根在东方、扎根在中华大地上，在当今社会生机勃勃地成长。

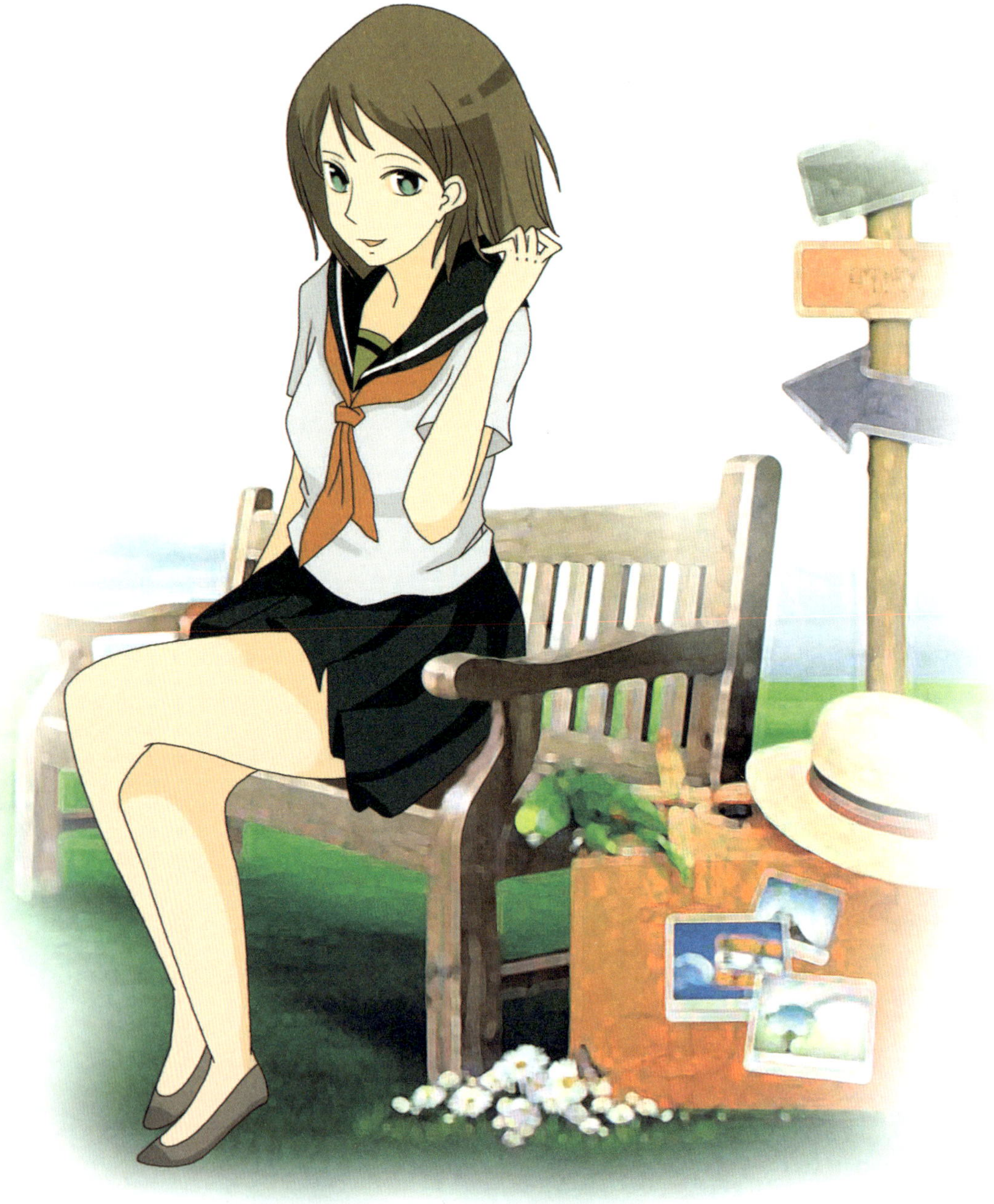

《庄子》中的"道"

前面讲到了老子，对于老子的绝妙思想想必大家都有感慨。当今社会有句话叫作"奇葩朵朵开"，在战国时期也是如此。战国时期与老子齐名的就有一人，他就是庄子，两者被后人并称为"老庄"。庄子名周，字子休，是道家学派的代表人物，号南华真人，也是道家的四大真人之一。庄子的祖上原本是楚国贵族，后来因为战乱搬到了宋国蒙地，到庄子这一代就成了战国时期的宋国蒙人。在宋国的时候认识了老乡惠子，两人之后成为好朋友，他们之间的很多故事都被后人当作典故。

庄子性格极其洒脱，崇尚自由，主张清静无为。总体来说，庄子的思想秉承了老子哲学思想，那么庄子这朵"奇葩"到底独特在哪里呢？从几个小故事中我们就能对他有些许了解。

有一天，庄子和他的弟子们走到了一座山脚下，看到了一棵

枝叶繁茂、葱郁蓬勃的大树。这棵树特别高，有直耸云霄之势，它的枝蔓不断延伸，向外舒展开来，枝蔓上布满了绿叶，整个树冠就像一把巨伞，遮蔽了周围的十几亩地。大家都对这棵大树庞大的外形感到惊奇，不禁质疑它是如何长到这般庞大的，于是就有弟子问庄子："师父，为什么这棵树长这么大都没有人砍掉它呢？这是多好的资源啊！是这里的人太笨了，还是这棵树留在这里有别的意义呢？"这时正好旁边有一个伐木人，不屑一顾地回答庄子的弟子说："这棵树中看不中用罢了，把它砍掉不仅要浪费时间和人力，用它也做不出什么好东西。我们伐木人也想过利用它，可是发现用它来做船又不浮于水上，用它来做棺材很容易腐烂，用它来做家具又容易毁坏，如果直接用来做房梁柱子没几天它又会被虫子蛀蚀。作为一棵树它简直没有能被人利用的价值，所以才会一直在这里长了几千年。"

庄子听后并没有被伐木人对这棵树无用至极的情绪所感染，而是对他的弟子说："这棵树最大的成就不就是它活了几千年吗？正是因为它对人没有什么用处，才能够独善其身，存活千年，这为何就不是一种有用呢？"军队不会征召伤残人士入伍打仗，所以他们能在家乡幸福平静地度过一生；长得稍稍有缺陷的女子不会被选入宫中做妃子，才能获得人世间最朴实的自由，甚至在民间找到真爱。这些人虽然不完美，却能保全自身，人们都觉得有能力、对别人来说有用才是有用，在某些时候对别人来说没用何尝不是对自己有用呢？同样这不也是对人有用吗？

这就是庄子奇葩的地方之一，世人都以实现自己的人生价值为目标，而这种价值需要通过别人的认同来实现。殊不知，如果不是被别人利用，而是做自己想做的事，完成自己想完成的梦想，也是一种"天生我材必有用"的表现形式。庄子本人也确实按照他的这种思想活着。他一生洁身自爱，始终过着清贫的生活。纵使才华横溢，超凡脱俗，文笔汪洋恣肆，情致旷达，宁静致远，却只做过漆园小吏。即便生活窘迫不堪，仍拒绝楚威王的重金聘请，让自己始终处于自由洒脱的理想状态。

  在旁人看来，庄子如此通达，想必一定是个很少悲观失望的人。但在那样的时代，人性逐渐变化扭曲的社会中，一个深藏大爱的人，怎么可能不失望呢？只有那些活在绝望里的人才不会有失望。但这并不意味着庄子避世就是消极，这只是源于一种纯粹的对自由的向往。楚王曾派不少能人说客来劝导庄子为官，曾经有一次，庄子正在涡水边垂钓，两位大夫前来找他，直接表明来意说："我们久闻先生大名，对您佩服不已，很想请您能为我们指点江山。如果您能出山，必能为君王分忧解难，为百姓谋得福利。"庄子并没有正面回答他们，只是凝视水面，淡然说道："我听说楚王曾经捉到一只几千年的神龟，神龟死掉的时候已经三千岁了，楚王将它珍藏在锦盒之中，给它盖上绫罗绸缎，并且供奉在庙堂之上。我想知道如果两位先生是这只龟的话，是想要死后得到这样的待遇，还是生前畅游于天地之间呢？"两位大夫异口同声地回答："当然是生前畅游在天地之间！"庄子顺势接话道："所以请两位先生回去吧，我也是这样想的。"这样的人怎么会是不快乐、不平静的呢？他想要的一切都能自己得到，不需要被别人标榜，也不需

要靠实现别人眼中的价值来实现。

在庄子的哲学观念里,"天"和"人"是两个对立面,凡是对立就会有矛盾,有矛盾"人"就会出现问题。"天"代表的就是自然,"人"代表的就是"人为",而"人为"的意思就是"伪"。一方面,庄子继承了老子的哲学思想,在他的"道"里同样力推"天人合一",顺应天道,摒弃人性中"伪"的部分,实现天地相通,而摒弃"伪"之后留在人性中的那一部分,便是"德"。

在庄子眼里,金钱、权贵正是"人为"演化出来的东西,对于权贵他不只是没兴趣,甚至到了唾弃的地步。相传庄子的好朋友惠子在梁国做宰相,庄子想起两人好久不曾相见,就想去找惠子叙叙旧。惠子的手下得到消息后马上对惠子说:"听说庄子这次要来看您的真正目的是想取代您的宰相之位。"惠子听了十分恐慌,想要阻止庄子前来,就在庄子来见他之前派人在国中搜寻了三天三夜,不曾想庄子还是泰然自若地来拜见他。庄子见到惠子,对他说:"听说南方有一种鸟叫凤凰,形态极其美妙,在习性上和其他鸟儿也大有不同。在从南海飞到北海的途中,只在梧桐树上做短暂停留,只吃新鲜的肉,也只喝甘甜的泉水。有一天经过某地时,有一只猫头鹰正津津有味地吃着已经腐烂的老鼠肉,猫头鹰看到凤凰飞过来非常警觉,连忙护住腐肉,朝着凤凰恐吓道:'走开!这是我的食物!'凤凰看都没有看猫头鹰,继续悠然地飞走了。"惠子也是一个聪明人,马上明白庄子故事中的意思,非常羞愧。这个故事充分表明了庄子不慕权贵的人生态度。

中国古代哲学思想的代表人物有很多,但他们存在两套不同的知识体系。孔子、孟子、张载、朱熹大致可以归为一类，使他们一脉相承的是他们认为"仁义"是相通的，他们可以通过"大爱"来融为一体。另一部分就是庄子的思想。庄子认为，人与人之间的频率是很难达到一致的，就像我们打开收音机，听到的是同一个频道，放的是相同的音乐，但或许一部分人喜欢这首歌，另一部分不喜欢，无论是喜欢的理由还是不喜欢的理由也是不尽相同的。

又有一日，庄子和惠子在濠水的桥上散步，庄子看到水中悠然自得游着的鱼儿不禁感叹："鯈鱼能在水中游荡，该是多么快乐啊！"惠子听了问道："你又不是鱼，怎么知道鱼一定是快乐的？"庄子反问："你又不是我，怎么知道我不知道鱼是快乐的？"惠子继续辩论道："我的确不是你，所以不知道你的想法。我只知道你不是鱼，自然也不知道鱼的想法。"庄子也不甘示弱，继续答道："我们回到第一个问题，你问我'从哪里知道鱼是快乐的'，说明你已经知道我知道鱼是快乐的了，不是吗？而我是在这濠水的桥上知道鱼是快乐的啊！"庄子和惠子之间的辩论仿佛是无法结束的，但这个故事也充分说明庄子对于人与人之间的思想能够联通持有怀疑态度。

一个人的确不能完全地理解另一个人，从出生开始就注定了两者之间的差异，因此每个人都是有局限的。无论我们看人还是看鱼，都不可能彻底地全局性地看清本质，比如庄子看到水中的鱼儿悠然游荡，那么鱼儿游荡就一定是快乐的吗？或许它刚刚经历了一场惊心动魄的冒险，从大鱼口中逃脱，此时此刻心中仍

然忐忑。那么庄子能知晓鱼儿心中的忐忑吗？显然不能，因为鱼儿无法告诉他。抑或我们看到一个抑郁症患者，我们知道抑郁是痛苦的，但是仍旧无法完全理解那种抑郁状态的感受，更不会知道，在那个愁眉苦脸的抑郁症患者的生活中或许也有着让他拥有快乐的东西。那么他究竟是快乐的还是不快乐的呢？显然这已经成为一个较为模糊且混乱的状态，无法言说。

我们唯一能做的，就是感受更多层面的想法，理解自己无法去经历的事情，让自己的意识频率更加宽阔。人与人之间在某一方面获得共鸣是有可能的，但是完全共振是不可能的，只能让相互之间的频率越来越接近，产生的共鸣更加强烈。庄子的"逍遥"便是他的"道"，这种"道"是自由的境界，也是万物的本原。

庄子的"道"同样有着超脱深刻的思想内涵，这也是道家的思想特点之一。在外出游历多年之后，庄子回到家中，不到一年，他的妻子就去世了。他的好朋友惠子前来吊唁，惠子来到他家中的时候非常惊讶，只见庄子盘腿坐在地上，一边敲着盆子还一边唱歌。惠子指责庄子说："你的妻子和你结缘一场，嫁给你，为你生子，操持家中事务，给你养老，现在她去世了你不仅不哭，还敲鼓唱歌，你是不是太不近人情了？"庄子说："这并不是我的本意啊，她刚走的时候我落得孤单一人，怎么会不难过呢？可是我想了想，自己终究是一个凡夫俗子，连生死都无法看透，哪个人不会经历生离死别呢？这样一想，我就没那么难过了。"惠子依旧很生气，不平地质问道："你看透了生死又能怎么样呢？"庄子说："正是有了阴阳交汇，我们的生才变成生，死才成为死啊。这种变化和四季的交替有什么区别呢？她虽然死了，也只是在另外一个地方活着而已，我明白这一点还为她觉得悲伤落泪，实在是太不懂得命运的安排了，于是就停止了悲伤，开始唱歌。"

惠子说："虽然道理是这样，但是在人情上你这么做怎么说得过去呢？"庄子又解释道："生生死死是很平常的事情啊，就像日月交替一样是自然规律，所以活着没有什么好开心的，死了也不需要太难过，人们就是因为不能接受这个道理，才会有悲喜之情。但我既然明白这个道理，又何必再去纠结其中的悲喜呢？"这便是庄子所达到的灵魂的自由。

一定会有人质疑：庄子的"清静无为"只是逃避现实罢了。一个人想要实现自己的梦想，过上自己想要的生活，怎么能算是逃避现实呢？面对混乱腐坏的政治状态，庄子的确感到无奈，既然没有办法改变整个社会，先改变自己再去改变一部分人的想法又有什么不对呢？庄子的哲理我们不能一概而论，就像庄子自己也分不清他到底是人还是蝴蝶。但值得肯定的是，庄子为中国的思想文化又打开了一道大门，对后世美学和文学发展都有着深远的影响，在郁郁不得志的时候倡导人们返璞归真，为世人内在的精神追求开辟了一片新的天地。

庄子"韬光养晦，不露锋芒"的隐逸风格和儒家的君子理想，共同构成了中国传统文化的核心思想。

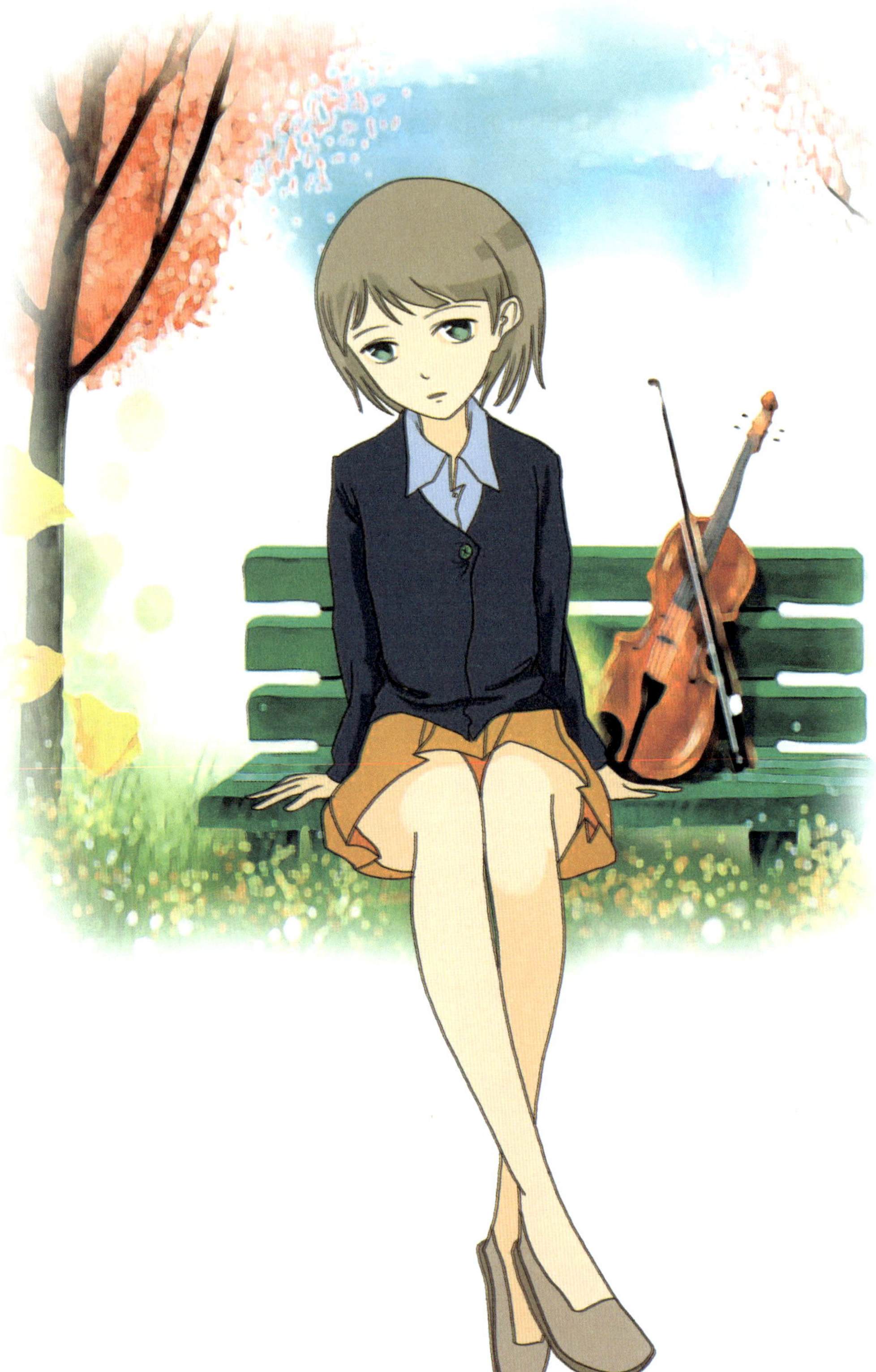

第五章 唯物主义

物质是唯一现实存在的实体
唯物辩证法
唯物主义与唯心主义

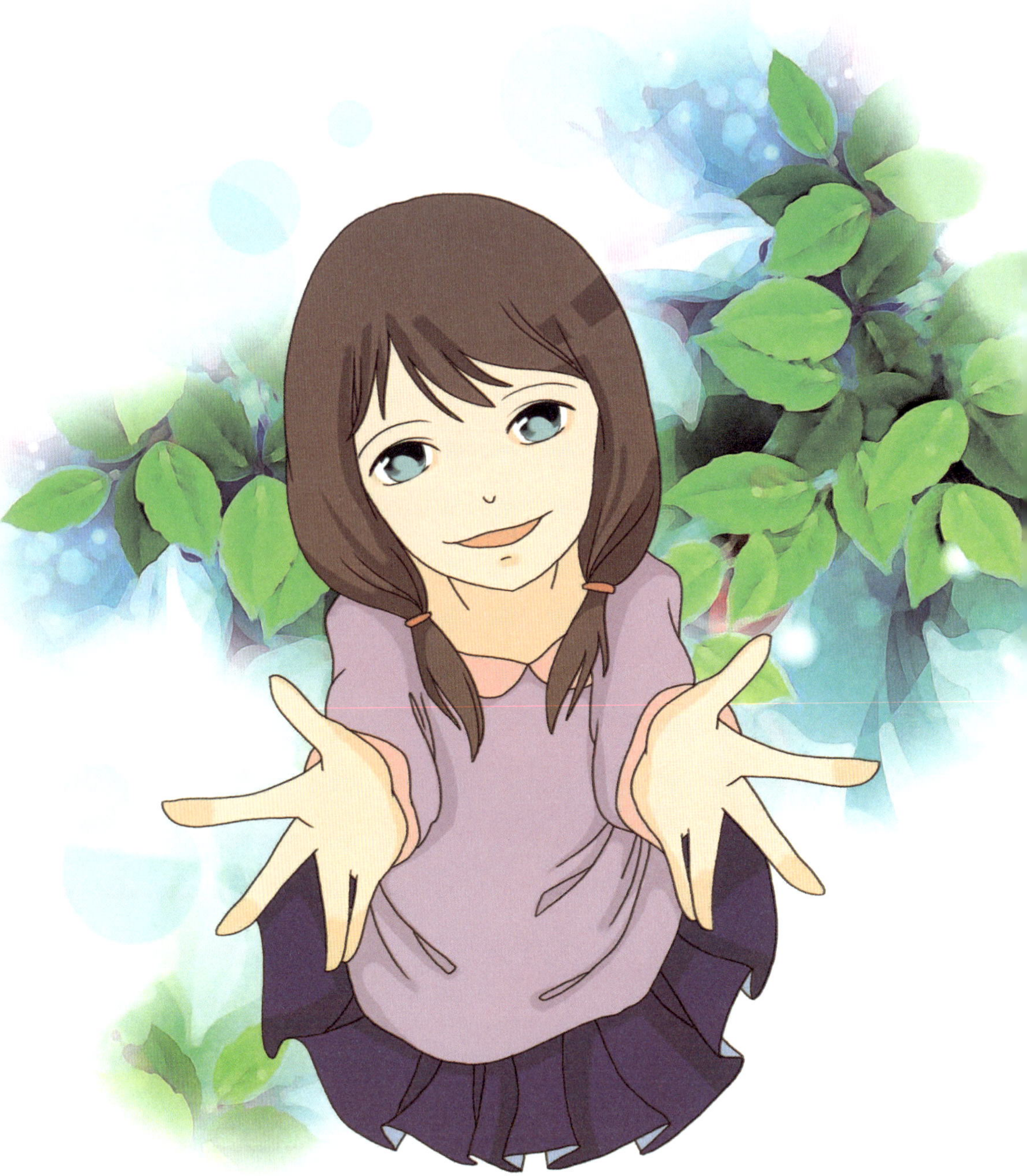

物质是唯一现实存在的实体

有时候我们会怀疑，我们感知到的世界是否真实存在？我们的意识看不见、摸不到、说不清、道不明，会不会这个世界就是南柯一梦？在这个世界的背后是否还藏着一个真实的世界？就像动画作品之外还有一个人类世界一样。会不会某一天，我们幡然醒悟，原来自己是一只蝴蝶。以上这些例子都是人的意识产生的疑虑。人的一切感受都来源于意识，但意识和与之相对应的人类活动又是怎么来的呢？

为了得出答案，人们假想出这样一个实验：将小白鼠的大脑泡在营养液里，通过电击或者加入化学物质等方法刺激小白鼠的大脑，小白鼠就会得到各种各样的"心理感受"，比如疼痛、舒服、晕眩……从体验上来讲，这与现实中的小白鼠没有任何差别。

哲学100问

这就是美国哲学家普特南提出的"缸中之脑"的概念，它描述的是一种可能性："实际存在的我"或许只是一个被泡在营养液中的大脑，能够接受到各种刺激，以为"我"有大脑，以为"我"有肢体，以为"我"是完整地感受着周遭世界的，过着和脑子里形成的一样的"正常人"生活。但是实际上"我"只有一个大脑，只是一个在营养液中接受各种刺激的体验器官而已。显然这种观点只是猜测，于是面对像"缸中之脑"这种空泛的猜测，14世纪的哲学家威廉提出了"奥卡姆剃刀原理"。这个原理告诉我们，不要无端猜测这个世界，所有预设的、无法得到证实的东西只会徒增烦恼，让解决问题的过程变得更加复杂。

一个难以被人们接受的设想出现后，一定会有一个能规避那个设想并被人们所接受的思想出现，也就是在这个时候，法国伟大的哲学家、物理学家、数学家、生理学家笛卡儿提出"我思故我在"的观点。字面上的意思就是：当我在思考自己存在的时候，无论我们是"缸中之脑"，抑或别的虚拟存在，都没有关系，存在就是存在，我们始终能找到自己这个存在的所在。这个观点虽然较为偏向唯心主义，但唯物主义的代表人物黑格尔将笛卡儿称为"现代哲学之父"。笛卡儿这句话的伟大之处，在于他为我们证明了自己是真实存在的，让我们的灵魂免于流离失所，论证并承认了独立物质实体的真实存在，对哲学史的发展有着划时代的意义。

"物质是唯一现实存在的实体"，是唯物主义的核心内容。唯物主义者认为物质的唯一特性就是存在，是不依赖于意识，但又能为意识所反映的客观存在。比如一个人照镜子，人是物质，镜子也是物质，镜子中的成像同样是物质，甚至包括照镜子这件事都是物质，成像在脑海中留下的印象也是物质，只要是存在的或者存在过的，都是物质。或许这种说法有些牵强，但如果按照物质的分类来看，"人""镜子""镜子中的成像"就是具体物质，"照镜子"和在脑海中留下的印象就是抽象物质。在唯物主义的观念里，意识是客观存在的，它也是一种物质，只是这种物质被抽象化了。

不仅是人，每个事物都能在种类、属性、组成上找到自己的位置，它们都具有特殊性和普遍性，世界上没有两个完全不同、找不到任何与它没有丝毫共性的事物。既然这样，那么苹果为什么要叫苹果，香蕉为什么要叫香蕉呢？这难道不是人的意识创造出来的吗？对此，唯物主义的观点是，无论是苹果还是香蕉，抑或别的水果，都是水果，再抽象一点儿来理解：它们都是食物，都是食物的存在和具体表现形式。如果我们用严谨、科学的语言来描述某样东西，比如你手里拿着的《影响人类思维方式的思想》是一本具体的书，是具体的纸，是具体的树木或者草，是具体的植物，是具体的物，是具体的物质。世界和世界上的所有物质都是物质的存在和表现形式，是具体存在和有着独特表现形式的物质。

我们可以想象具体物质，就是看得见、摸得着的。在这些看得见、摸得着的东西里面，又可以分为静态和动态两种。静态物质是可以观测的，比如力、磁场。由力和磁场的组合作用产生的

现象也是可见的，比如在力的作用下，一个物体移动了，在磁场的作用下发生了电磁感应。甚至包括权力等影响力，也是可以被观测的。我们所看到的社会形态、货币、社会组织等高级形态，也都是静态物质。

另一种就是动态物质。动态物质可以是现实发生的事件、现实存在的事物及其发生改变的过程、现象；也可以是人在看到客观事物之后，产生的流动的意识，意识在看到客观事物后对物质世界的种种复写、反映，甚至对其进行加工和想象。与意识相关的物质就被称为抽象物质。物质是唯一现实存在的实体，无论以何种形态，只要存在过，都可以叫作物质，甚至意识也是物质的运动现象。而"神"的存在，只对"神"形象的创造者和对神有信仰的人产生作用。

从认识论上来说，物质都具有共同的客观存在性；从实践论上来讲，物质都有它的内在必然性。无论是主观的还是客观的，只要在人类世界上出现过，都是一种客观存在，都是物质。

物质就是存在，这种广义定义明显远远超越了物理概念下对物质的定义；狭义定义认为，物质只是能量的一种聚集形式，是构成万物的客观事物及能量波、场甚至更高形式的存在，同时给物质下的定义是：物质是不依赖于意识的客观存在。狭义定义中对物质的定义排除了意识的概念，"物质是不依赖于意识的独立存在"这句话本身就将"意识"独立了出来，而"客观存在"中的"客观"，本身就包含了"主观和客观"两个概念，因此是肯定了意识的客观存在的。广义定义中，将物质和意识之间的关系确立为包含关系，它们既不对立也不分离，两者之间强调的是从属性。

　　无论是客观存在的物质，还是意识，或是其他形式存在的物质，都是以某种特定形态存在于这个世界上的。如果以认识论的角度来看世界，也应该从认识主体、认识客体、认识对象三个部分出发，因为世界本身就是认识主体、认识客体和认识过程三者的统一体。我们在认识某个真实存在于世界上的对象的全部过程中，必然也有主观意识和判断过程的参与。如果将认识对象看作整个世界的统一体明显是错误的判断，世界是物质，世界所包含的一切也是物质。我们也可以说抽象物质是客观世界组成的基础，人始终是通过大脑来感觉、认识世界的。人类通过大脑的思维来将世界的种种组织、整合，完成统一，抽象物质和具体物质的统一构成了这个世界，它们都有客观实在性的规定和本质。而不含有这种客观实在性的物质是我们无法想象的，也可以说它是不存在的。

　　在我国古代，人们也曾对物质有过深究，认为世间万物构成的基础是金、木、水、火、土，包括人的出生也与这五种基本元素有关。但五行的概念有着实质性的缺陷，它无法将世界统一起来，也没有坚实的科学基础。五行说作为古代朴素唯物主义，只是现代唯物主义发展的基础之一，它在中国只构成一种文化元素，即便是对物质的肯定，我们也要坚持有科学依据的物质观。

　　当今社会，物质的科学定义是：物质是能够组成基本粒子及场的原始能量。而所有的物质都有实物性和能量性的特点。物质

是由能量子构成的，是能量子的高级形态。物质不仅将各种具体事物统一起来，也将各种抽象物质统一起来，并且完成了具体物质和抽象物质之间的统一。"物质"就像一把打开"统一世界"大门的钥匙。在悠长的历史发展中，我们始终无法用较为合理的方式来解释物质和意识、存在和思维之间的关系，古今中外的哲学研究也大多是想找到这把打开世界统一大门的钥匙。但他们都将相对抽象的物质当作世界统一的基础，这种相对抽象物质介于具体物质和绝对抽象物质之间，但它既不能将世界万物统一起来，也不能成为这把钥匙。

物质将世界统一起来，世界也统一于物质，物质是唯一特定性的客观存在。物质是无限的，它能为人的意识所反映，但无穷无尽。马克思主义哲学是对世界上的一切现象，包括对自然现象和社会现象的根本特性的最高概括，因此不能将它与世界上的自然学说或者社会学说相混淆。让我们单独理解"意识也是客观存在的"这个观点是很难的，但我们可以从生活中来理解。比如一杯水，显而易见，它是真实存在的物质，我们端起水杯，感受到杯子的温度，喝下它的时候听到自己的喉咙发出"咕噜咕噜"的声音，然后我们觉得不渴了。在这一系列动作中，我们可以用手"触摸"到杯子，"听"到喝水的声音，"感受"到自己不渴了，等等，这些都是简单的意识，它是由大脑生理机制和反映看、听、触摸到对象的大脑生理机制结合作用而产生的，它所反映的对象是物质的，所以意识也是物质的。

如果说真理就是永恒，而存在即真理，想必我们也不能就此肯定存在就是永恒。唯物主义的观点在它出现后的某个时代或地点都产生了不同的影响，在不同的历史背景等条件下的作用和意义也不尽相同，想要充分利用它、理解它，还需掌握它的实质理论以及唯物主义辩证法。这样才能更有效地解决问题，更客观地看待这个观点。

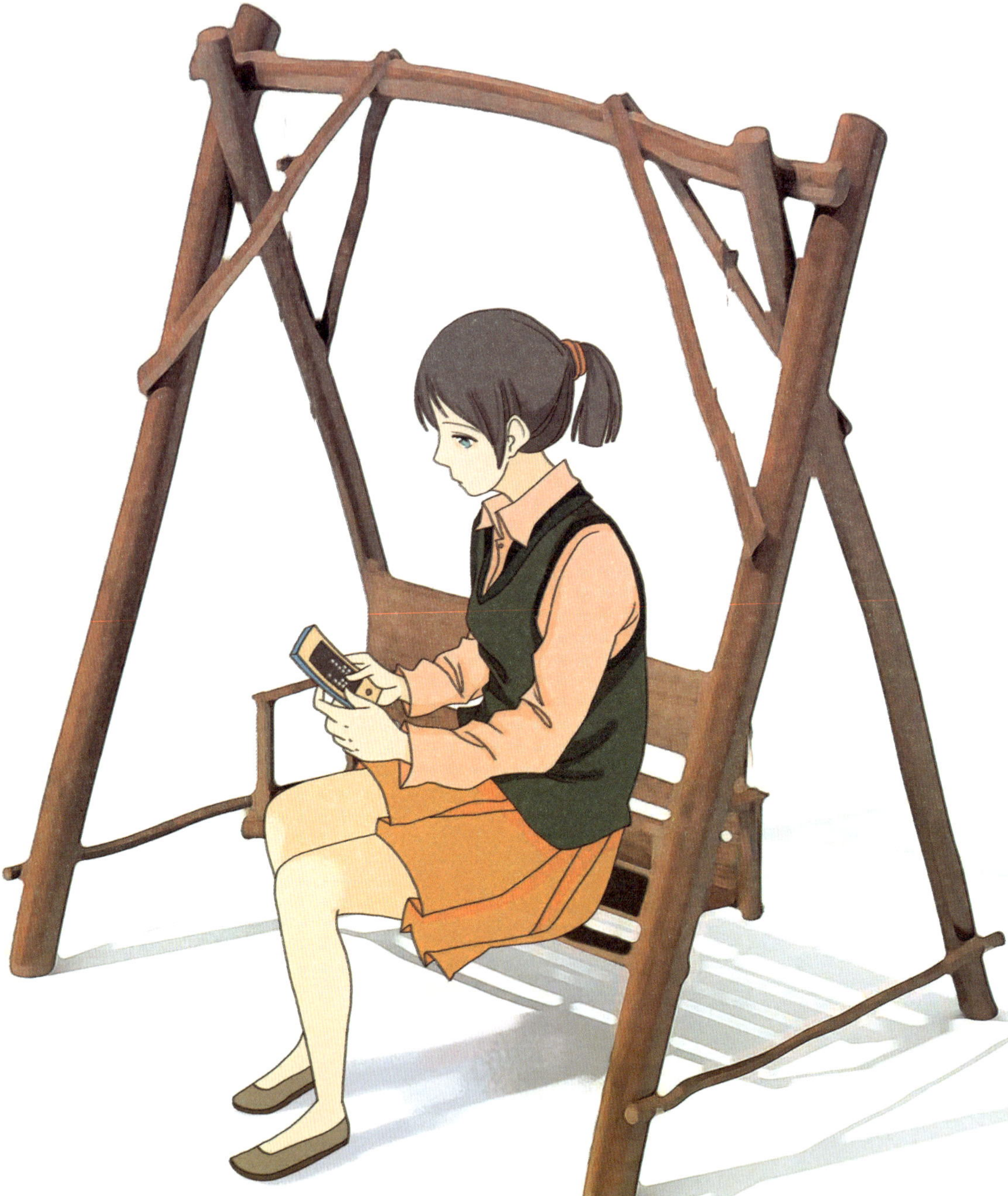

唯物辩证法

　　唯物辩证法是辩证唯物主义的核心，是一种专门研究自然、社会、历史和思维的哲学方法。辩证唯物主义是马克思哲学理论者经过长期观察和研究发展形成的一种思想体系，它的核心是由马克思首先提出的。也可以说，唯物辩证法是唯物主义和辩证法结合得出的理论。马克思接受并继承了黑格尔和费尔巴哈的学说，将他们的思想相结合，创造出这套关于自然、社会、历史和思维的方法。

　　马克思曾经表明，他是黑格尔的学生，他的辩证法基本上继承了黑格尔的基本理论，虽然马克思是唯物主义者，而黑格尔是绝对唯心主义者。在分析辩证唯物主义之前，我们需要知道，在探讨马克思唯物主义和黑格尔唯心主义的对立时，我们不能简单地根据"意识和物质谁是本原"来鉴定辨别。黑格尔与其他唯心

主义者的不同之处在于，他专注于将哲学上升到科学的高度，他所执着的问题也不是"存在"，而是这个"存在"的"真理"。黑格尔作为唯心主义的代表人物，并没有否认物质的客观存在。而唯物辩证法不止是黑格尔主义和唯物主义结合的产物，也是马克思从现实生活中提炼出的事物发展的本质，阐述的是各种物质产生的过程，表达的是一种历史观，也是希望从物质的存在过程入手创立"历史科学"。这种历史科学并不是某种定义，而是一种方法，它并不用观念来解释实践，而是用实践来检验真理。

唯物辩证法始终站在现实的、历史存在的基础上，阐明意识的产物和形式的产生过程，如哲学和宗教等。唯物辩证法能够从根本上解释并解决唯心主义在历史观上的局限性，其中包含了黑格尔的精神科学。

唯物辩证法大体可以分为两个基本特征、三大基本规律、五大基本范畴。

两个基本特征也就是唯物辩证法最基本的两个观点——联系的观点和发展的观点。

如果将个体看作一个人，那么联系就存在于身体器官之间、细胞之间、人体内部结构的每个成分之间以及人与人之间、群体与群体之间。唯物辩证法中，联系的观点就是指事物内部因素之间的联系以及事物之外的事物与事物间的联系。每个事物都是其所有内部因素的总和，特定的因素组合起来才成为这个事物。而每个事物又必然是和另外一个事物或一些事物有联系的，就像"我"是由我身体的心脏、血肉、脾脏等组合架构起来的，而

"我"又必然有生育我的父母，我的父母也都有他们的父母，等等，整个世界就是这样组合起来的。将每个分子、每个成员、每个家庭、每个国家统一起来，每个事物都是其中的一个环节。这些事物间或相互制约、或相互影响、或相互作用，就构成了这种普遍联系的观念。唯物辩证法引导我们带着联系的观点看待各个事物，要正确看待和处理经济、社会、自然等规律之间的关系，从而达到协调发展的目的。

事物之间的联系会使它们产生相互之间的作用和影响，也正是这种难以停息的作用和影响，构成了事物的变化和发展，使它们始终保持运动状态。发展是运动和变化后的终极目标，它表达的是事物的前进或上升，这种变化也是事物从简单到复杂、从低处到高处的有方向的运动。例如，我们身体各个器官都保持良好的状态，我们的身体素质就会提高，就有可能为社会提供更多的劳动，社会才会发展得更快更好。这一切围绕的核心都是"发展才是硬道理"。有新事物的诞生就必然有旧事物的消亡，只有不断创新，才会不断发展，这是我们改变世界的一个重要原则。我们要想在社会的不断变更中清晰地认识、认可这一发展过程，就要与时俱进，开拓创新。

三大基本规律可以分为质量互变规律、对立统一规律（矛盾规律）以及否定之否定规律。

质量互变规律围绕着总的质量不变的准则，来解释质与量之间此消彼长的关系。"质"是我们辨别某样事物的基础，是指某样事物自己特定的属性，如"质地""材质"。"量"是对事物程度的表达，让我们掌握事物的规模、深度，使人们对事物的了解更加精确。"度"就是控制质和量发展的一个界限，让发展循序渐进，适可而止。质和量就像拴在同一根绳子上的"蚂蚱"。

比如要让一根一米长、一指宽的绳子变短，就是改变它的"量"，方法无非是剪断，或是折叠起来。在"量"改变之后，绳子的重量或者宽度就会发生变化，那根绳子也不能再用"一米长、一指宽"来描述了。这样，量变就成了质变的必要原因，而质变也成了量变后的必然结果。如果我们采取的是将绳子剪断的办法让它变短，那么绳子的宽度是不变的；如果我们用折叠的方法让它看起来变短，那么绳子的总长度其实也是不变的。这就说明总的量变中会有部分的"质"发生改变，而如果"质"发生了改变，量也一定会有所改变。在剪断绳子的同时，一条绳子变成两条，或许会将这条绳子使用得更加充分，这也意味着这条绳子开始了新的"生命历程"。在这一过程中，质变不仅完成了量变，也产生了新的质变。

质量互变规律的意义在于告诉人们在发展的过程中把握好"度"，防止过犹不及、得不偿失这样的结果，否则就违背了"发展"的目的。有效把握质量之间的互变，有利于我们更加注意事物发展过程中的连续性和统一性，从而平衡、稳定地发展。

矛盾的发生必然在两者之间，可以是事物的内部因素之间，也可以是事物与事物之间。对立统一的含义即为两者之间既有对立关系，又在某个相同的范围内，即便是再大的外部独立事物，也是在这个世界之内。

例如，我们身体中的每个细胞无时无刻不在吸取我们身体中的养分，这个时候它们就属于对立关系。但同时，它们的目的都是让人保持良好的身体机能，各个器官能够正常运作。人与人之间即使存在对立关系，最终还是推动了社会的进步和发展，这便是同一关系。在对立关系中，事物之间往往相互排斥、相互分离；在同一关系中，事物却相互联系、相互吸引。同时，这两种关系之间又是相互制约的，它们既需要斗争来实现更高目标的生存，又需要在共存的环境下来维持斗争。对立统一规律的思维方式，有利于人们更客观、更全面地思考问题。既要从对立中找到同一关系，又要从同一中把握两者的对立关系，从而避免观察事物过于片面或是思想太过偏激。在具体的实践中，就是要求人们要充分开发自己的"同理心"，学会换位思考，从反方向思考问题，从而找到更加行之有效的方法来解决问题。

简单地说，否定之否定就是两次否定。第一次否定关键是抓取此次否定的合理性，第二次否定是在保全了第一次否定的基础上，摒弃单次否定中的片面性，第一次否定也是对事物进行肯定和否定的过程。任何事物都有值得肯定的一面，也有需要否定的一面，经过对其进行对立统一的分析之后，就要从肯定阶段进入否定阶段，随后一次的否定也是辩证事物发展过程的阶段。否定之否定规律在两次否定之后，就基本揭示了事物的本质和发展的全过程。否定之否定规律是观察、分析一切问题的方法和原则，新事物的出现也可以看作是在旧事物的基础上，发扬其值得肯定的部分，抛弃其被否定的部分，同时发展出属于这个新事物的部

分。于是我们才认为新事物比旧事物在形态上更加饱满，更加符合时代气息，拥有更强大的生命力。

五大基本范畴阐述的分别是现象与本质、原因与结果、必然性和偶然性、可能性与现实性、内容和形式，这五种关系之间辩证关系的方法论的意义。

现象与本质之间是对立统一的关系，它要求人们既能通过现象认识事物的本质，又能透过现象把握事物的本质，从而对事物本身有更深层次的理解。

原因与结果辩证关系方法论的意义，是要求人们客观地认识因果关系，而并不仅仅是相信"因果报应"。原因与结果之间的确存在着某种必然关系，人们要了解这个发展过程中复杂的相互作用，以便在实践、工作中做到未雨绸缪。

必然性和偶然性辩证关系的方法论意义，是为了让人们了解规律本身的性质。必然性也可以看作是无数的偶然性累积导致的结果，我们既要掌握和发现事物发展的种种必然性，也不能忽视事件发生的偶然性。更重要的是，要善于把握机会，抓住机遇，从而起到推动作用。

可能性与现实性辩证关系的方法论要求我们站在现实的基础上，找到更多的可能性，并充分利用这个可能性。可能性是潜在存在的事物，而现实性是必然存在的结果，我们要利用现实存在的东西，为实现可能性创造最有利的条件。

在内容和形式的关系上，形式由内容决定，同时前者也是后者发展的铺垫。它们之间存在统一关系，内容离不开形式，形式也不能没有内容做依托。

　　马克思的唯物辩证法在中国近代发展史上有着举足轻重的地位，它将我们带到了科学的道路上，用科学的方法认识问题、解决问题。科学认识的核心就是透过现象看到本质，全面观察、分析事物；反对一切的形式和虚无，尽可能地实现可能性；充分利用偶然性，调试好原因与结果之间的关系，将改革的力度控制在一定范围内，从而使社会实现平稳、快速的发展。

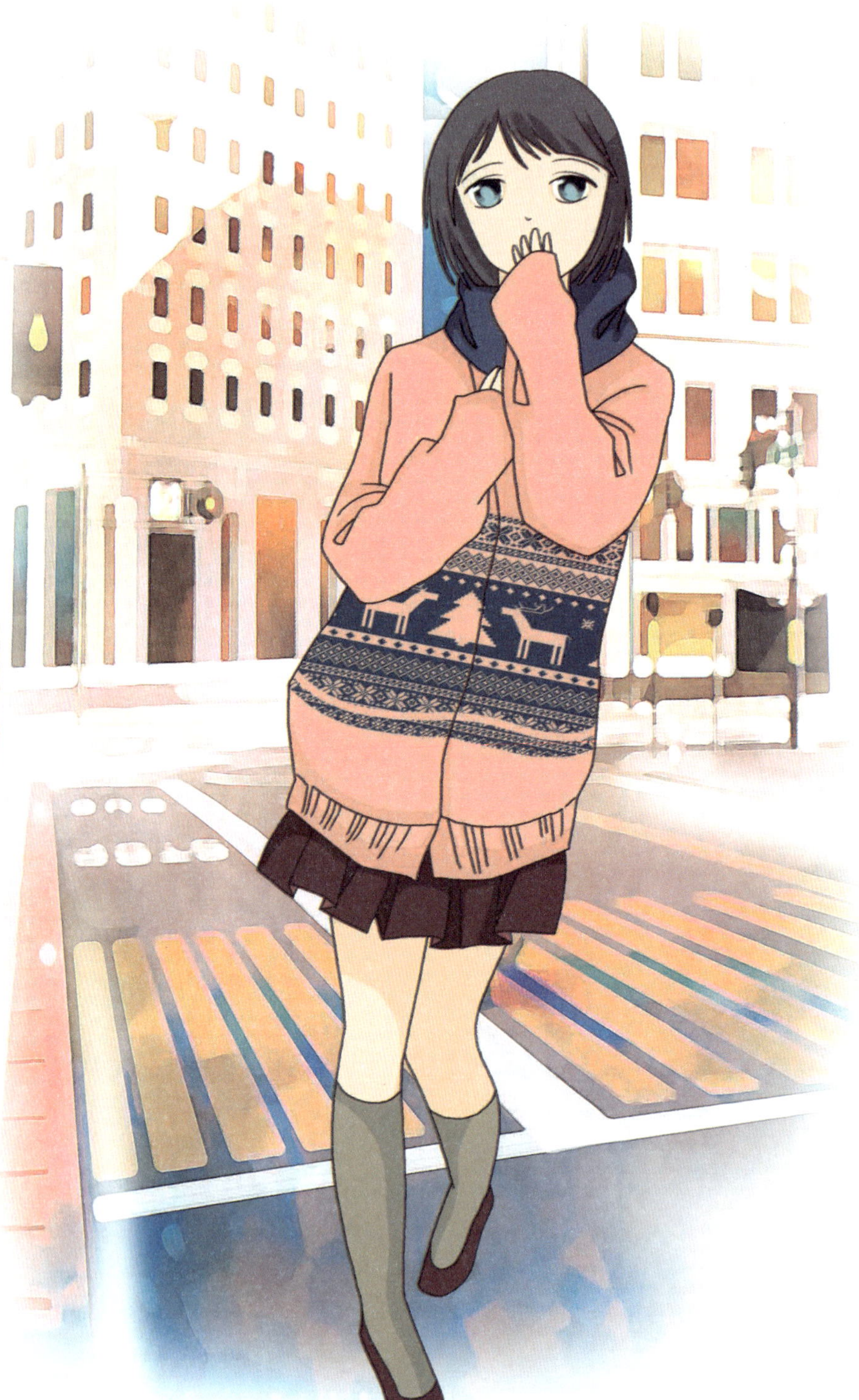

唯物主义与唯心主义

唯物主义和唯心主义的主要区别在于，主张物质和意识哪一个是第一性的，哪一个是第二性的。唯物主义的观点是，物质是第一性的，是不依赖意识的真实存在；唯心主义的观点是，意识是第一性的，意识决定物质的存在。虽然两者有着根本上的不同，但是我们依旧很难断定它们谁是对的，谁是错的。

我们知道，人的意识是由大脑产生的，曾经有科学家做过这样一个实验：将大脑的额叶切除，人在面对事物的时候也失去了产生复杂逻辑思维的能力。这个实验充分说明意识产生的对象和意识的"生产者"都是物质。但是问题的关键在于，我们要如何用绝对的证据来证明这个结果呢？又有什么充分的理由排除人的意识都是由更高次元的生物赋予的呢？这也正是笛卡儿"我思故我在"这一想法的来源基础。我们什么都不能证明，只知道我们

在思考这个问题的时候是在思考，假设我们怀疑这个思考是否真的存在，那也正好同样说明我们在思考。

哲学的基本问题就是讨论"本原"是什么的问题。唯心主义和唯物主义作为哲学的两大派别，就是在哲学的基本问题上出现了分歧。

唯心主义主要有三种基本形式，即主观唯心主义、客观唯心主义和绝对唯心主义。为什么要将黑格尔的绝对唯心主义单独列出来？主要是因为黑格尔哲学已经上升到科学的阶段，和前两者有了明显的差别，这也是黑格尔伟大的地方。

唯物主义从古至今大致经历了三个阶段，即古代朴素唯物主义阶段、机械唯物主义阶段和近代的马克思主义哲学，马克思主义哲学也被称为辩证唯物主义。从理论上来讲，虽然唯物主义经过了三个阶段的发展，但是只有马克思、恩格斯的辩证唯物主义才结合了辩证法，而在此之前的唯物主义的理论主要运用的是"形而上学"的思维方式。怎么理解"形而上学"的概念呢？我们平时戴的手表，无论是指针的还是数字的，都是显示时间的一种方法。我们能看到指针在转动、分秒数字在跳动，但是实际操纵活动的，是内部机械的综合作用施力到齿轮，进而让时间能够有规律地较为精准地显示出来。"形而上学"的重点并不在于研究"行"，而是研究操纵"行"这个可见之物的那个不可见的存在。在这种理解下，"形而上学"宏观来讲也可以类似于"道"的概念。但当"形而上学"与"辩证法"相对比时，也指片面地、孤立地、静止地看待事物的一种方式。

唯物主义和唯心主义都受到"辩证法"和"形而上学"的影响和制约。人们在认识一个苹果的时候，需要先知道它是一种可以吃的、对我们身体有好处的水果，同时要判断它是一个好苹果，可以食用，我们才会去吃它。认识世界的过程也是如此，我们需要先知道世界的本质，才能了解它的发展状况和现实形态。我们判断苹果能不能吃，也是从判断它是对人类有益的，并且没有坏掉的方向出发，而认识世界的本原问题同样要从解决问题的方向上出发。由此我们也可以说，辩证法和形而上学是从属于唯物主义和唯心主义的。客观事实并不是独立存在的，而是与其他事物之间有一定联系的，这个"事实"也是由诸多因素组合起来，共同呈现出来的。被我们所看到的存在，它会随着外部环境或者内部因素的改变而发生改变。我们要如实揭示世界的本质，就必须运用辩证的方法，没有辩证法的"否定之否定"等概念，就不能将马克思主义哲学贯彻到底。

　　在主观唯心主义中，将人的意志看作世界的本原，意识能够创造存在，也能够改变某个存在的形态，而一切"存在"都是由人的主观意识创造出来的。客观唯心主义更倾向于相信存在一种更高级的、神秘的存在，如"理念""绝对精神"等。唯心主义的存在，也是为了顺应当时社会的发展，阶级制度需要这种观念来稳固和维护它在社会中的地位。唯心主义者用一种精巧圆滑的方式编织出一个"梦"，为在阶级制度中猖狂的人铺下了一张温床，同时将反动派和保守派禁锢在这个梦中。这可以看作是一种为了保证社会和谐的手段，但也是让人们的思想变得更加腐朽的

催化剂。

唯物主义的目的就是唤醒那些在长期压迫中思想也已沉沦的人民，它是与唯心主义相对立的主义。封建制度和阶级制度曾经害苦了中国，在阶级斗争中最受迫害的最终还是下层人民，唯心主义则一度演变成奴役人民精神的工具。封建制度、反动势力和迷信思想一度让中国陷入水深火热之中。马克思唯物主义的哲学思想带来的是一股先进力量，它指引人们推翻封建制度，破除封建迷信，推崇科学发展，推动整个社会跨越式地发展，让整个社会呈现出新的面貌。唯物主义彻底阻隔了唯心主义的形式主义，让人们从无限循环的思想怪圈中解脱出来，并解决了唯心主义始终不能突破的"本原"的真实存在问题。唯物主义中的概念不像唯心主义那样苍白，无从考究，它对于抽象的说法也有具体的诠释。比如，唯心主义说"善"，那么就是善；唯物主义说"善"，则会用具体表现加以解释，"他将捡到的钱包物归原主"或是"他为贫困灾区捐赠了衣物"，唯物主义会用这样的善举来诠释"善"的含义，这也表明实践和行动才是最能让人信服的。

无论是唯心主义还是唯物主义，都是有历史背景和时代特征的。一蹴而就的思想理论不会得到人们的认同，更不会得到如此长久的发展和传承。当今的社会是需要发展的社会，如今的我们也是需要与时俱进的一代人，肯定和运用某种观点必须根据时代背景来权衡选择。我们无论在做什么，最重要的是有所收获，只有行动才能让我们精心培养的大树开花结果。这也是唯物主义的思想，马克思主义哲学指引我们要辛勤地为梦想的幼苗浇水、施肥，悉心照料，用科学的方法来养育那棵树，直到开花结果，如此我们才有丰收的可能。

而唯心主义就像一棵只会成长不会结出果实的树，即使它长得再高再大，在人类世界中的作用也只是被人欣赏。虽然我们的思维很容易陷入唯心主义的哲学思潮，但是唯物主义给我们带来的累累硕果，才对社会的发展有着更加真实的意义。

或许你会产生疑问，把物质享受当作人生的目标有什么好？现实社会的冲击的确对我们正确认识唯物主义造成了很大的影响，但我们不能因此而片面地将崇尚物质享受的人说成是唯物主义者，也不能将那些孜孜不倦于精神追求的人当作唯心主义者，两者对比的偏差只存在于主张意识和物质哪一个是第一性的问题。过多受到现实环境的影响，甚至擅自加上自己的理解，将会造成概念混淆，曲解了这两个概念原本的意思。

在我国古代就已存在唯物主义和唯心主义的观点，例如王阳明认为先有了神明，世界万物才被创造出来，这便是典型的主观唯心主义观点。从科学的角度来讲，这种认识过于夸大了意识的范畴，将想象出来的设定当作世界本原，无疑显得有些荒谬。朴素唯物主义就是古代思想学家们研究探讨的成果之一，古代朴素唯物主义肯定了存在的真实存在，但因为它将一些具体的物质形态也认定为物质，暴露了思想上的局限性。马克思主义哲学思想打破了这种局限性，让人在不断变换的环境中积极跟进，并有不断超越的可能，为我们的生活带来了无限可能。

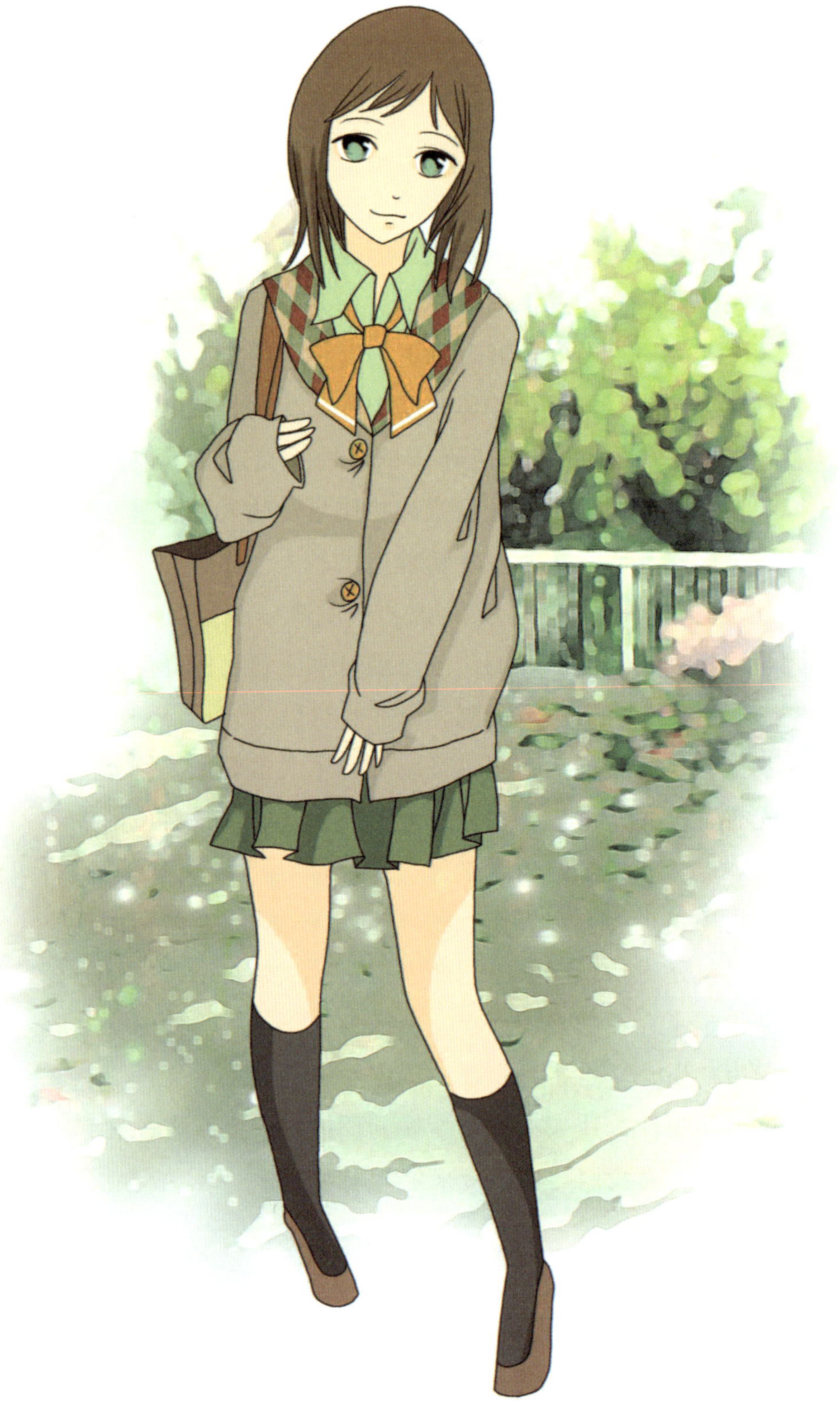

第六章 黑格尔的辩证法及历史观

黑格尔的辩证法
对追根溯源的历史思考

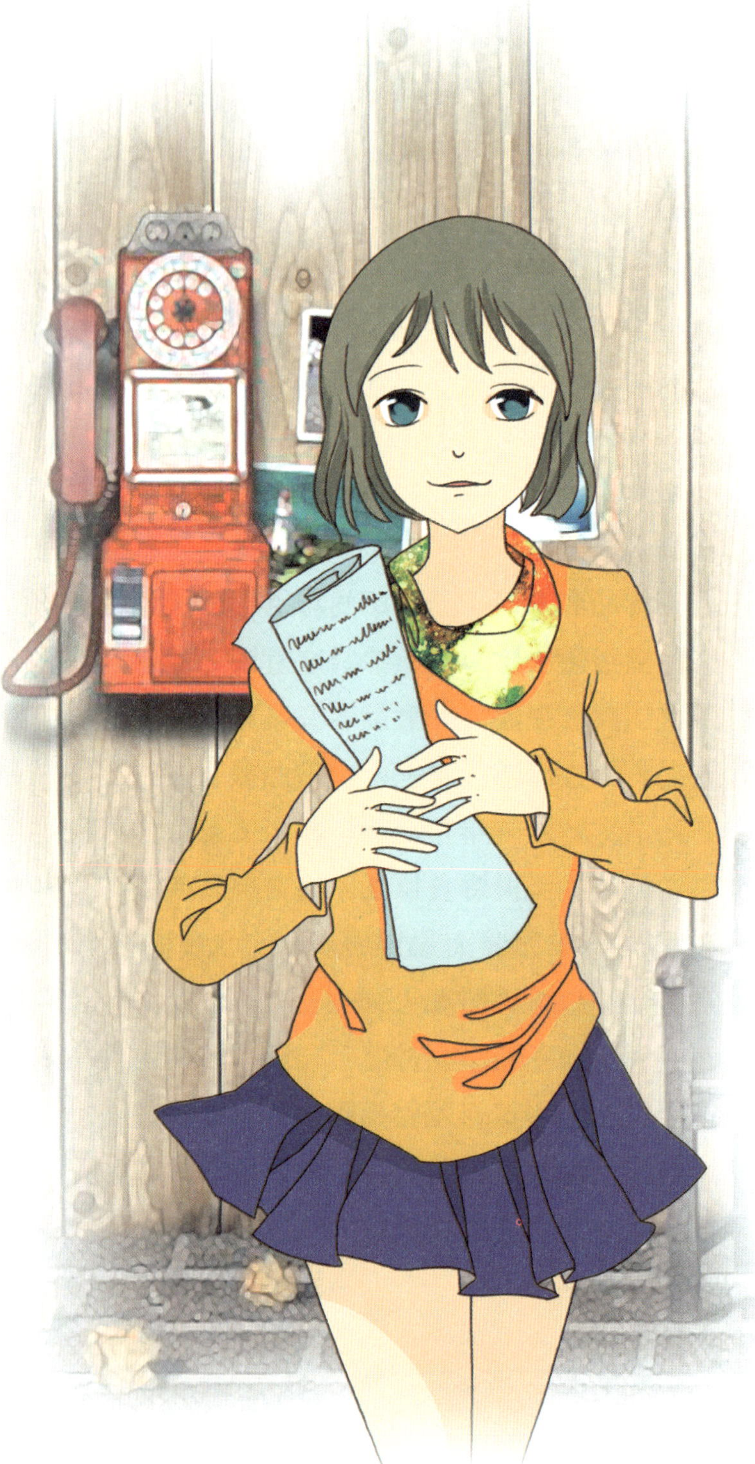

黑格尔的辩证法

在欧洲哲学史上，有四位哲学思想巨匠，他们分别是柏拉图、亚里士多德、康德和黑格尔。这四位哲学大师在哲学史上各有各的成就和贡献，而黑格尔更是其中的集大成者。

黑格尔出生在符腾堡斯图加特城的官僚世家，18岁时进入图宾根神学院学习，在神学院中，黑格尔学了两年哲学、三年神学。虽然在神学院求学，黑格尔却对法国启蒙思想家卢梭的作品爱不释手。当时正值法国革命在如火如荼地进行着，对德国封建主义制度影响极大。也正是在这样的动乱中，德国资产阶级的矛盾性也在法国革命的震荡中暴露无遗，黑格尔有了自己的政治立场和哲学发展的方向。从神学院毕业之后，黑格尔开始了自己漫长的求学、求知之路。这一系列的经历，都为黑格尔发展自身的哲学奠定了坚实的基础。

之所以说黑格尔是哲学发展史上的集大成者,第一个主要原因是黑格尔的哲学思想来源是非常丰富的。早在古希腊时代发展的唯心主义,就认为有比外部世界的存在更高的存在,而这个存在才是真实的、唯一的,而外部世界我们所看到的存在,都是那个"真实存在"的流动性的显现。柏拉图认为,这个世界就是意志的"复制品",意识才是真实世界的主体,而我们所看到的世界只是意识的反映。古希腊唯心论和柏拉图的唯心主义思想,都为黑格尔"绝对精神"的哲学理论提供了思想来源和基础。古希腊时期对黑格尔的哲学理论影响颇大的另外一个人就是亚里士多德。亚里士多德认为事物是不断发展的,但这种发展不包括新事物的出现,而是旧事物本身就有着某种内在潜能,发展的过程也是内在潜能不断表现出来的过程。黑格尔同样继承了这一思想,他认为发展是由内到外的过程,这也是辩证法中的一个重要观点。亚里士多德最早提出了"实体即主体"的思想,他认为实体就是在逻辑判断中的主体。黑格尔同样在《精神现象学》中表明,实体就是需要被表述的主体,实体同样可以通过主体来证明和理解。在近代哲学史中,从康德开始就有了德国唯心主义哲学运动,而黑格尔哲学的最伟大之处,就是将这场经年已久的哲学运动推向了顶峰,同时完成了德国唯心主义哲学,推动了之后整个社会的哲学发展。

在黑格尔的诸多成就之中,黑格尔辩证法是他的哲学理论思想中最醒目的一处,黑格尔辩证法也是德国古典哲学最重要的成果之一。黑格尔的辩证法吸收了培根、洛克等归纳派的思想,用于修正笛卡儿等人一次性就找到普遍真理的观念理论，发展出"正题—反题—合题"的辩证思维，这也是黑格尔独特思想的张力。这个"张力"主要体现在，黑格尔在描述一件事物时，旨在从事物的本身出发，找到自身的矛盾，即自身的反面，再从这个反面走向其反面的反面。在整个过程中不仅要解决事物的内部矛盾，也要了解其全部内涵。就像一枚硬币，假若将硬币分为正反两面，在看正面之后再绕到后面看反面，看完反面后再回到正面，这样对正反两面既有了了解，又有了比较，内部矛盾也因此解决了，再将自己看到的全部综合起来，得出硬币的全部。辩证法的合题也就是这个完整的硬币。

  黑格尔辩证法的核心内容，就是他"正题—反题—合题"的辩证思想，在这个思辨过程中，最重要的就是走出"自我"，更加客观、清晰地观察事物的本质。

  黑格尔认为人的自我意识是存在的，但并不是孤立的，人的思想都会受到外界事物的干扰，也是在外界事物的多重影响下才形成的。一个人要了解自己，就需要通过与他人相处，需要从社会和他人的反馈中认识自己，这和一个人想要知道自己脸上是否有脏东西需要照镜子相同。一个人想要达到极致的自爱，也需要通过爱别人或者恨别人的方式来体现，这也是一切欲望的来源。因此，黑格尔同样认为，完全孤立的自我意识是不存在的，要为"自我"找到一个落脚点，必然有一个"非我"作为参照物。

  我们要如何理解黑格尔辩证法的思辨过程呢？在生活中，人们或多或少地会接触到辩论赛。辩论赛的第一步，正反两方各自

提出自己的论点；第二步，对对方论点进行辩驳，并对本方在辩驳时暴露出的缺陷及时修补、完善；第三步则是对第一步和第二步的结论进行整理、归纳，并做出更为完善的总结。辩论赛的这三个步骤也是对辩证法中逻辑推理的运用，黑格尔辩证法的原理大体也可以概括为"正题—反题—合题"，这与辩论赛中的三步极其相似。

我们不难发现，辩论赛本身就体现了一个辩证的论点。在最后的比赛结果中，最佳辩手可能是在输的那一方中产生，即便大家都知道在辩论中最能抓住重点、最会发表论点的那个人是谁，但他所在的那一方赢了的话，他也不一定是最佳辩手。这似乎也是一种辩证：有最佳辩手的那一方可能是输掉的一方，最优秀的人可能不会成为最佳辩手。那么这是不是黑格尔的辩证法呢？实际上辩别清楚诡辩论和辩证法并不难，两种辩证都会破坏事物的某种循环关系，但与诡辩论不一样的是，黑格尔的辩证法并不是将两个有对立属性的事物作为对象进行辩证，而诡辩论就往往出现这样的事例。比如在辩论赛中赢的一方和最佳辩手，他们本身可能就是一胜一负的反向存在，而黑格尔的辩证法中，造成辩证的原因并非客观世界里的胜负、男女、左右这样对立的存在。举个简单的例子：在辩论关于人的时候，诡辩术很有可能将重心放在"男人和女人有何不同"这个问题上，最后他们在比较之下得出的结论很有可能成为这次辩证的答案。但在黑格尔的辩证法中，他们既会讨论男人和女人的区别，又会找出男人和女人之间的联系，最后将他们的区别和联系综合起来，并加上"人"的特质，才会得出"人"这个结论。

我们常说，逻辑的精彩在于演绎，在揭开层层面纱后才能看到真相，而"揭面纱"这个过程就是演绎和归纳交替运用的过程。我们要发现一朵花的种子，就需要一层一层剥开花瓣。找到事物的本质也是同样，事物反面的反面就如同花瓣里面的另一层花瓣，底下可能就掩藏着种子，也就是事物的真相。黑格尔的辩证法在了解事物的过程中，深入事物的具体细节，同时加上深刻的哲学命题。

有矛盾就要去解决，每个事物都有矛盾，普遍真理需要进行辩证。黑格尔认为，矛盾不仅是事物自身的自然属性，还能推动事物向前发展，并且一定会推动事物发展到下一个阶段。在讲唯物主义的理论时曾讲到绝对唯物主义的精神内涵，也就是"绝对精神"的存在。"绝对精神"作为一股推力和世界的本原，利用自身矛盾演化出我们所看到的世界的样子。无论是最开始的自然世界，还是现在人类社会和大自然并存的社会，都是"绝对精神"矛盾的外在表现。黑格尔认为，凡事不是必然的，就是可能的，一件事情没有按照必然的方向发展，那么就一定按照别的路线发展了。黑格尔之所以这么相信必然性，也是因为有辩证思想作为基础，辩证法中的"合题"，是在解决了事物的内在矛盾后，从诸多因素中找到它们的真理，然后再将其整合，升华到另一个高度。显然，相对于其他可能来说，"合题"会更加接近事实真相，也最有可能发展成一种"必然"。

生活中，辩证法无处不在，矛盾的普遍性和特殊性几乎随处可见。中国古代寓言故事"塞翁失马"就是一个很好的例子：

哲学100问

相传古代在边塞地区有一个很会骑马的人，有一天他的马无缘无故闯进了胡人的地盘儿，大家既担心他又担心马。只有一个智者说："为什么这就不是一件好事呢？"让大家意外的是，几个月后，跑去胡人营地的马带了一群骏马回来了，此时大家都替他开心。智者又说："说不定这也不是什么好事啊。"

那人的儿子非常喜欢骑马，不料在一次骑马的时候从马背上摔了下来，摔断了大腿骨。大家都来安慰他，关心他儿子的伤势，这个时候智者又说："这为什么就不会是一件值得开心的事呢？"

一年后，胡人进军中原，边塞需要大量的士兵，于是可以打仗的青壮年都应召入伍了。边塞的士兵死伤无数，所剩无几，但他儿子因为成了瘸子留在了家中，父子二人这才安度余生。

祸兮福所倚，福兮祸所伏，好事和坏事都不是绝对的。好事有可能变成坏事，坏事又有可能转化成好事，这就是生活中的辩证法。

需要知道的是，辩证法只是一种方法，它要求人们更加客观地看待世间万物；世界本身是无限的，在这个无限的基础上还有更加无限的可能的世界，辩证法的作用也在于提供给我们这样一个无限的空间，里面蕴含了无限的可能性。它是自由的，并将这种自由运用到一切存在上。

随着网络和手机等通信工具的普及，中学生能利用的资源也越来越丰富，同时接触的东西也越来越多；但"多"并不一定就代表好，客观世界里的东西不是由某个人就能决定的，而是由很多人组合在一起，附加上他们的生活、知识、言论等。在视野开阔的时代，我们需要利用网络来了解更多的知识，观察更多的未知世界，才能真正达到充实自己的目的。

随之而来的也是网络游戏的风靡和常常发生网络欺诈事件，这也就意味着，一旦上网就有可能遇到危险。我们无法肯定地说网络的利大于弊，也不能说网络的弊大于利，既不能纵容自己上网，也不能完全不接触网络，如果一定要将两者进行比较，结果无疑是一个无法厘清"黑洞"。但是选择的权利仍然掌握在我们自己手中，我们可以选择合适的时间去上网，了解有意义的信息和知识。

对于父母"过分"关爱我们，我们也要从多个角度分析，厘清自己与父母之间的矛盾。他们送我们去补习班，强迫我们写作业或者限制我们出去玩儿，这无疑是一种约束，但也是出于爱。强迫我们，是为了让我们在学习的过程中更加轻松，在读书时更专心。深夜时，他们为我们送一杯热牛奶、洗干净的水果，这或许对正在专心学习的我们来说是一种打扰，但又何尝不是爱呢？这就是生活中的辩证法。每个事物都不只一面，换个角度，看到它的反面或多面，也许就会出现转机。

黑格尔的辩证法是自由的，这也是哲学的内在意义，它不限制人的思维，而是激发人们潜在的观察分析能力和思维能力，它向我们展示了事物自身的生成或者科学的生成；它让我们跳出一个狭隘的圈子，重新审视自己、审视文化。当一条路走不通时，辩证法思维教会我们先突破一扇窗，走另一条路，它不仅仅给人带来醍醐灌顶的感受，更让人觉得和蔼可亲。

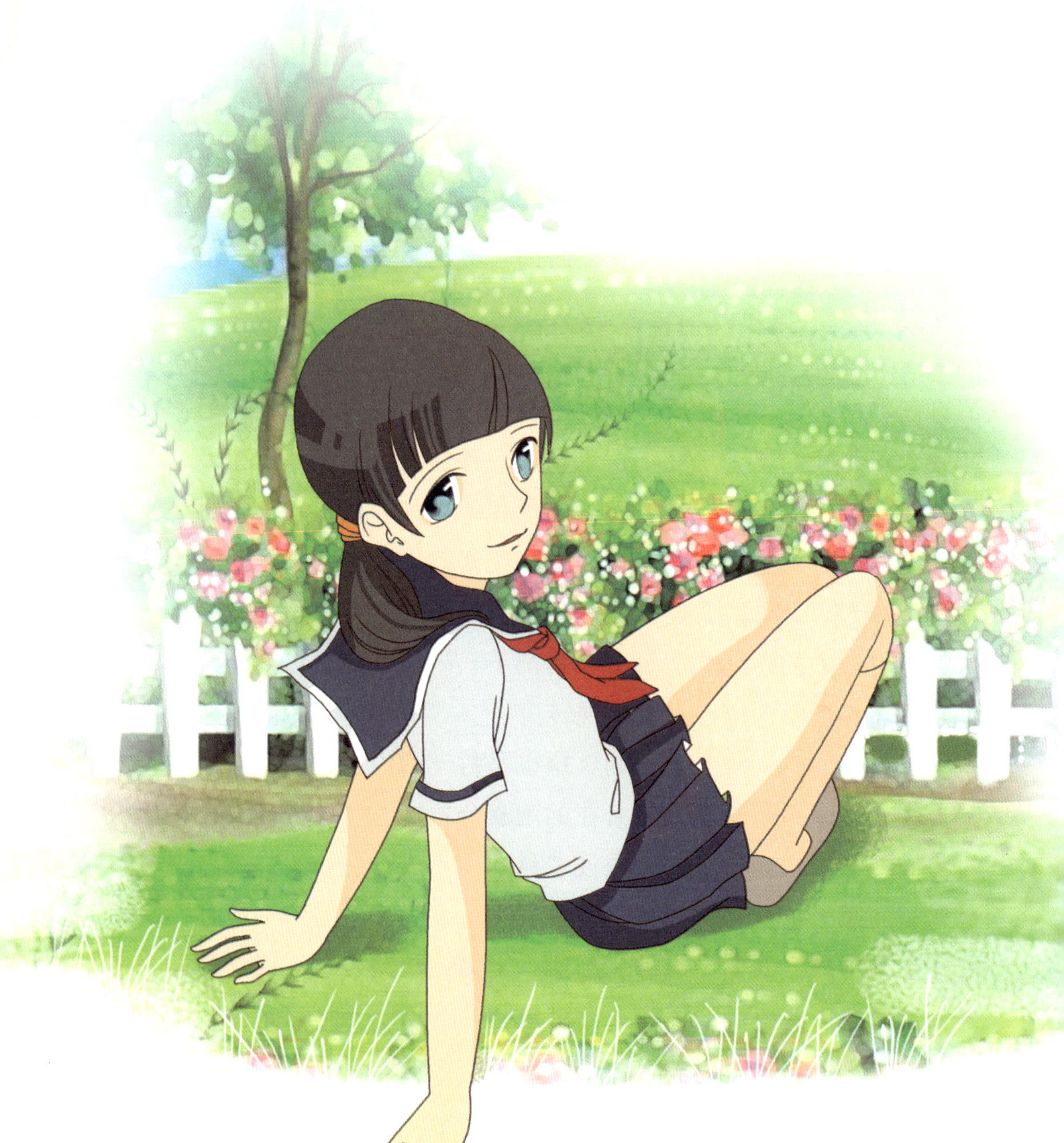

对追根溯源的历史思考

在哲学上，我们将黑格尔视为"集大成者"。一个人站在巨人的肩上前进或许不难，但要超越巨人非常难，而黑格尔做到了。他不仅对之前哲学界、科学家的成就加以修补，还提出了自己的观点，最终演绎出一套惊为天人的思想理论。

那么这套思想理论是如何产生的呢？那便是追根溯源。一切事情有因必有果，有果也一定有因。黑格尔辩证法作为一个伟大的哲学概念，也同样有它产生的来源和过程。我们知道，自古希腊开始，文化就有了一定的成就和发展，今天的哲学理论都是后人根据经验，观察历史变迁，总结前人经验，整合或者修补而形成的。黑格尔的辩证法也是如此。黑格尔的《精神现象学》和《逻辑学》是他全部思想理论的精华，这两本书的内涵就来源于古代希腊的努斯精神和逻各斯精神。努斯精神和逻各斯精神是西

方理性概念发展的源头,最终成为今天的"德先生"和"赛先生"。"德先生"讲究的就是灵魂和精神,"赛先生"代表的则是科学和逻辑。黑格尔的辩证法是这两大理性精神的集大成者。

要了解黑格尔追根溯源的方法,我们不妨先从追溯黑格尔辩证法的诞生入手。马克思称《精神现象学》催生了黑格尔的全部哲学,是他全部哲学产生的秘密。为什么会得出这个结论呢?实际上《精神现象学》是主要论述努斯精神的作品,在《逻辑学》中,黑格尔对逻各斯精神进行了精彩的演绎。退回到努斯精神和逻各斯精神产生的历史背景,我们会发现,努斯精神产生于城邦民主制,当时的人开始有了独立意识,不再过群居生活,主张维护自己的个人权利和私人财产。虽然当时还没有具体的"道德"概念,但是几乎成了人们约定俗成的礼仪,人们自然就会倾向于找到灵魂。逻各斯精神诞生在经济持续发展的社会,在"道德"不再被完全控制和约束的情况下,更需要的是公平竞争。可以说是当时的社会体制成就了当时的哲学思想,也孕育了西方努斯精神和逻各斯精神。

这便是追根溯源的作用。我们需要回望历史,站在当时的历史背景下思考它产生和存在的原因,这样才能更好地、更客观地了解某个事物或某件事情。没有埋下种子就不会有参天大树,有参天大树也不可能没有种子的参与,一切事情的产生都有它的源头。一件事的发生,需要与某个相关联的人有关系,人们认识了,所以这件事情会发生。物质是这样,精神也是这样,物质的产生都能找到它的根源。不管是某件事的成功也好,某种疾病的传播也罢，都必然有一个"病原体"，而这个"病原体"也是给疾病制造环境的温床。如果我们不细心钻研，不能找到这个源头，那么解决方法就只是治标不治本。

对于黑格尔来说，他需要宏观地看待整个世界的发展过程，并运用自己的理性思维将它们合理排放，整理出一套有牢固思想根基的哲学体系。黑格尔认为世界是不断发展的，人的理性同样是不断发展的，每个人都有着类似的大脑和神经结构，这在上千年的历史变迁中也变化不大，但人的思维是无限的、可以不断变幻的。黑格尔辩证法提供的是一种方法，这种方法要求人们紧跟时代步伐，用不断进步的思想来思考和理解这个不断变化的社会，甚至超越现实的演化进度。这样才有可能对社会有最正确的认识，而不是墨守成规。

今天的社会日新月异。昨天我们还只关心农田里的问题，今天我们却已然在关注如何飞到地球之外；昨天我们的社会还都是平房毛坯，今天已是高楼大厦，灯火通明；昨天我们还沉浸在"纸"上的幸福中，今天的电子科技已能将纸上的知识一一包含，甚至有着纸不能发挥的优势和作用。我们从简单的现实的例子中就能看出，现在的每一刻在下一刻也都将成为历史，但这些历史材料却能对我们有所帮助，它影响和决定着我们的思维方式；我们不能说所有的思维和知识都是从历史中得到的，但历史的确会由里及外地影响着我们，也让更多的人能够理解这个世界。

黑格尔的辩证法不仅影响着后世每种哲学思想的发展，也

哲学100问

是之前哲学体系的集大成者。追根溯源，进行历史性思考，我们可以看到，黑格尔的成就也享誉世界。对我们来说，我们可以利用这种方法，无论是效仿前人也好，创新实践也好，都是为了化解生活中的种种矛盾。内部矛盾之所以会推动社会的发展，是因为在化解一个矛盾后我们往往能得到新的启示，人生也会上升到一个新的高度。有矛盾自然就要去解决，历史的矛盾也在历史的发展中"被迫"解决掉了，社会才发展成今天的模样。历史的发展为我们的理性思维提供了一个很好的契机，曾经就是现在的铺垫，也是"现在"存在的必然条件，更是我们理性思维模式发展的必要条件。

在历史长河中，不乏追根溯源取得光辉成就的人。牛顿被苹果砸中，发现了万有引力定律。但发现万有引力定律的原因并不真的只是被苹果砸了一下，事实上，万有引力定律最先的发现者是胡克，但胡克只能解释简单的圆周运动，而没有意识到引力是万有的，是一种普遍存在的力。牛顿利用扎实的微积分知识成功将力学的三条定律推广到宇宙，并证明了对于宇宙来说引力同样适用，以此推翻了亚里士多德"天地不一"的观点，于是也有了"站在巨人的肩上"的故事，这何尝不是一种对历史追根溯源的利用呢？

那么中学生如何掌握并运用"追根溯源"的方法呢？

在学习方面，最忌讳死记硬背。要想掌握一项知识，最重要的是理解它的内涵，融会贯通。知识如潺潺流水，绵延不绝，我们只有找到了某个知识点的源头，才能在众多相关联的知识体系中举一反三，最终做到熟能生巧。追根溯源不是一味地打破砂锅问到底，而是一步一步地、有根有据地往前走，拓宽原来狭隘的知识层面，了解更深层次的更真实的知识。比如，我们做错一道题，很有可能是我们把题目看错了，或者在第一步就错了。在记忆过程中，如果我们能对其渊源有所了解，便很难忘记。

我们常说要善于总结，不管在学习中，还是在工作中，都时不时地总结经验，以避免以后犯相同的错误。同时，对之前所学的知识进行梳理，让自己的思维变得更加清晰，这样在运用知识的时候可以手到擒来。

遇到问题时记得问问自己为什么会发生，为什么会发展成这样。思考这些问题的时候，我们应该从多方面找到突破口，然后用辩证的、发展的眼光去看待问题，找出答案。从一个点出发我们往往能联想到与之相关的很多个问题，我们将这些找到的点联系起来，形成一个面，再进行归纳和整理，就能得出最正确的答案。

历史的发展仍在继续，我们的生活仍在继续，我们走的每一步联系起来都可以描述成一个因果链。生活或许看起来像一团乱糟糟的毛线团，我们常常不知道如何整理，所以要迅速从众多混乱的线段中找出需要的那一段，而要理顺这些杂乱无章的线团，最重要的还是找到毛线团的起点，将它理顺。我们的思绪也是这样，我们的社会又如何不是这样呢？有因就有果、有果必有因是可以肯定的，如何在这些因果关系中与自己和解，也是人一生的重大课题之一。

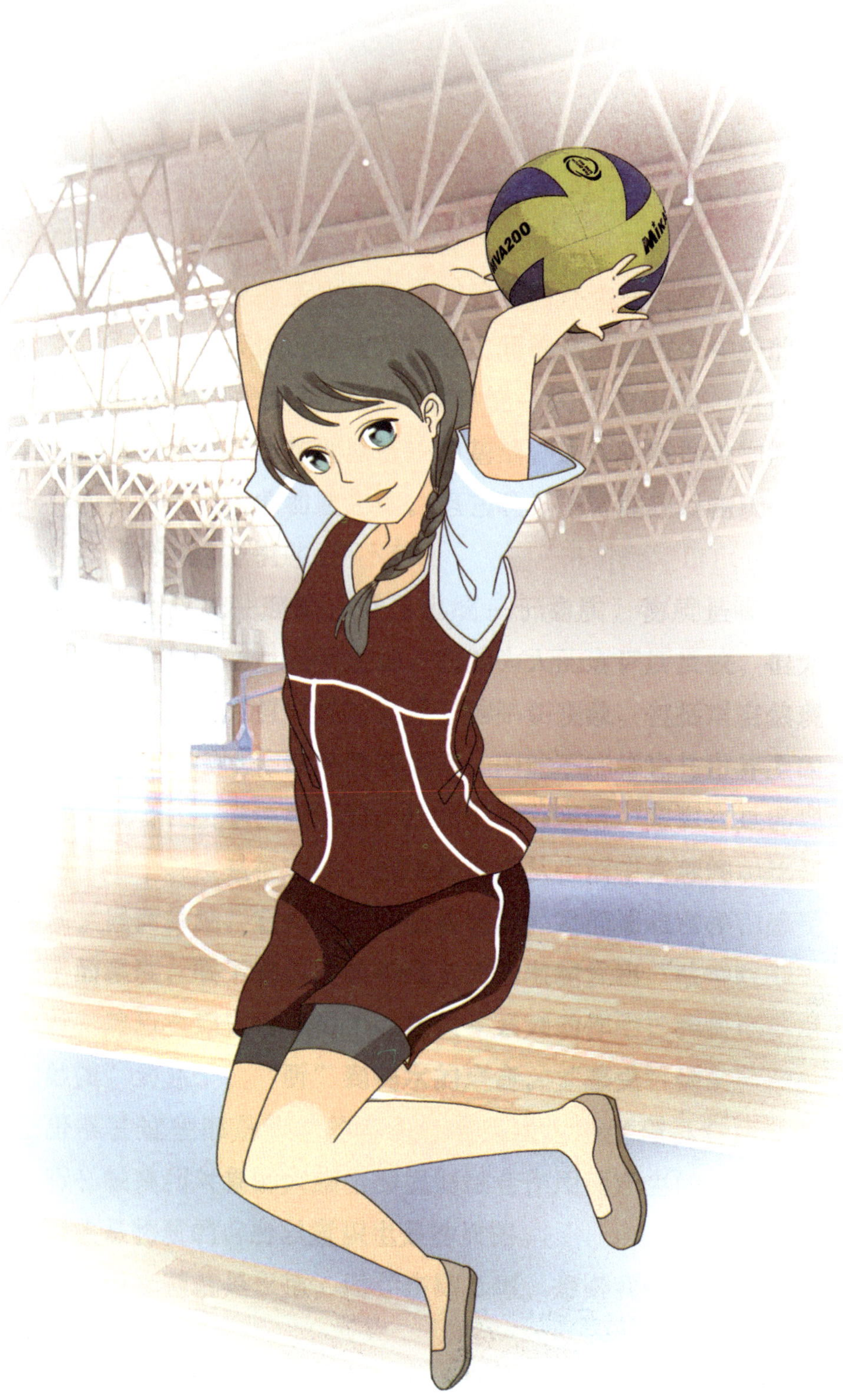

第七章 进化论

进化论的核心——物竞天择,适者生存

进化论对生物进化的影响

进化论对人类发展的影响

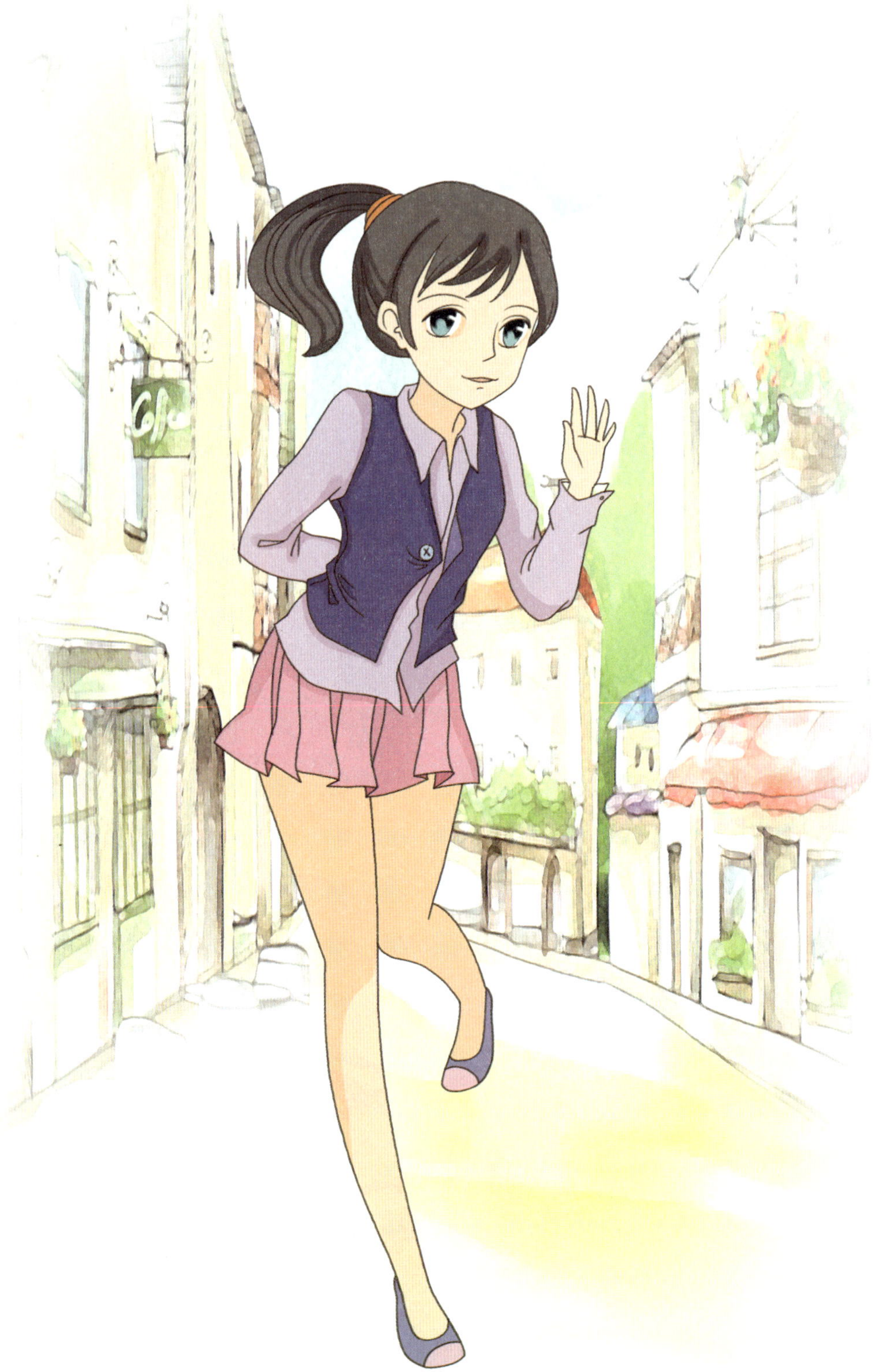

进化论的核心——物竞天择，适者生存

所谓物竞，就是生物的生存竞争；天择，就是自然选择。地球上的生物在共同享用大自然赐予的资源的同时，也都在争夺自然资源。最初的竞争是弱肉强食，智慧生物将没有智慧的生物捕获。到了生物繁衍种群时，留下来的必定是坚强、隐忍、矫健、灵敏且聪慧的，是最适应环境的物种。

上帝有两群羊，一群被放养在南方的草原上，一群被放养在北方的草原上。上帝给羊群找了两个天敌，一个是狮子，一个是狼。上帝让羊群自己选择：如果选择狼，就只给一只，任它随意咬羊；如果选择狮子，就给两头，可以在两头狮子中任选一头，并且可以随时更换。南方的羊群想：狮子比狼凶猛得多，又大得多，还是要狼吧；北方的羊群想：狮子虽然比狼凶猛得多，但我

们有选择权，还是要狮子吧。于是，南方的羊群选择了狼，北方的羊群选择了狮子。

狼进了南方后，看到了美味的羊，很快就开始了捕食行动。狼的身体小，食量也小，一只羊够它吃几天了，所以羊群几天才被追杀一次。北边的羊群在两头狮子中挑选了其中一头，另一头则留在上帝那里。这头狮子看到了肥美的羊群，也迫不及待地开始了猎杀。狮子不仅仅是比狼凶猛，而且食量惊人，每天都要吃一只羊。北方的羊群每天活在惊恐之中，四处躲避狮子的追捕，只求今天被吃掉的不是自己。于是羊群赶紧请上帝换一头狮子。没有想到，上帝保管的那头狮子一直没有吃东西，正饥饿难耐，它一进入北方就迅猛地扑进羊群，比前面那头狮子咬得更疯狂。羊群一天到晚只是逃命，连吃草的机会都很少。

南方的羊群庆幸自己选对了天敌，嘲笑北方的羊群没有眼光。北方的羊群非常后悔，向上帝大倒苦水，要求更换天敌，改要一只狼。上帝说："天敌一旦确定，就不能更改，必须世代相随，你们唯一的权利是在两头狮子中选择。"北方的羊群只好不断更换狮子。可两头狮子同样凶残，换哪一头都比南方的羊群悲惨得多，它们索性不换了，让一头狮子吃得膘肥体壮，另一头狮子则饿得精瘦。眼看那头瘦狮子快要饿死了，羊群才请上帝更换。

瘦狮子在挨饿之后，琢磨出一个道理：自己虽然是草原之王，连狼都不是它的对手，但我毕竟要生存，要填饱肚子，而唯一能让自己不饿死的只有羊。吃羊固然幸福，但羊群随时可以把自己送回上帝那里，让自己饱受饥饿的煎熬，甚至有可能饿死。想通了这个道理后，瘦狮子就对羊群特别客气，只去寻觅死羊和病羊，不再追捕那些健康的羊。羊群喜出望外，有几只小羊甚至提议干脆固定要瘦狮子，不要那头肥狮子了。一只有经验的老公羊提醒说："瘦狮子是怕我们送它回上帝那里挨饿，才对我们这么好。万一肥狮子在上帝那里被饿死了，我们没有了选择的余地，草原上就只剩下瘦狮子一个，它很快就会恢复凶残的本性。"羊群都觉得老羊说得有理，为了保全另一头狮子，羊群在肥狮子危在旦夕之际，将它换了回来。

原先膘肥体壮的狮子，已经饿得皮包骨了，它也明白了自己的命运操纵在羊群手里。为了能在草原上待久一点儿，它不仅善待羊群，甚至百般讨好起羊群来。而那头被送交给上帝的狮子，则因为自己又将长时间忍受饥饿，默默流下了眼泪。

北方的羊群在经历了重重磨难后，终于过上了相对安稳的生活。南方的羊群的处境却越来越悲惨，南方的狼因为没有竞争对手，羊群又无法决定它的命运，就开始胡作非为，每天都要咬死几十只羊。这只狼早已不吃羊肉了，它只喝羊心里的血。南方的羊群只能在心中哀叹："早知道这样，还不如选择两头狮子。"

但南方的羊群中并不是所有的羊都在抱怨，乐观的羊在想：今天我一定要跑得比昨天更快，比狼更快，不可以被吃掉。悲观的羊却在想：总有一天我是会被吃掉的，逃跑又有什么意义呢？于是乐观的羊一天比一天跑得快，成为羊群中的佼佼者。它们不断躲避危险，繁衍后代。悲观的羊早已放弃，坐以待毙，很快就

成了羊群中跑得最慢的那一只,最终落入狼口。

在狼、狮子与羊三种角色里,最先被淘汰的是目光短浅的南方的羊群,它们只想到怎样才能晚一点儿被吃掉,却没有想过如何才能不被吃掉。其次被淘汰的是墨守成规的狮子。在大肆杀羊群之时并没有意识到自己的命运是掌握在羊群手中的,羊群可以令它丰衣足食,也可以让它陷入饥饿的恐慌之中。最终被淘汰的是那些心理脆弱的羊。生存还是毁灭,的确是个值得思考的问题。有羊活下来,就必定会有羊死去,只是成为猛兽们腹中之食的是自己还是其他羊,唯一能扭转命运存活下来的是那些不断练习奔跑的羊。

环境在变,生活在其中的生物也会不断变化,其中拥有有利变异的个体能够生存下来,并且将累积下来的有利变异基因遗传给后代,而拥有不利变异的则被淘汰。

长颈鹿的祖先其实不都是长颈,也有一部分是短颈。在食物充沛的时候,这两种长颈鹿都能生存下来,但是在青草缺乏时期,长颈的鹿能够吃到生长在高处的叶子,从而生存下来,而短颈的鹿则因为够不到高处的树叶而饿死。经过不断繁衍,长颈鹿的颈就渐渐都是长的了。

无论是弱小的昆虫、美丽的鱼类、古老的两栖爬行动物,还是形态各异的哺乳动物,在地球山河湖海的不断变迁中,都练就了一套了不起的生存本领。五彩斑斓的鱼类用鳍在海洋中自由自在地遨游,灵巧机智的鸟类用翼在天空中无忧无虑地飞翔,伪善机警的南棘蛇隐藏在草丛中诱捕猎物……其实,动物们的种种表现都是在告诉我们:物竞天择,适者生存。

不管是弱不禁风的蚂蚁还是威风凛凛的雄狮,不论是色彩斑斓的蝴蝶还是兢兢业业的蜜蜂,都为生存竭尽所能,因为不努力就会消亡。环境是千变万化的,我们无法预知更无法控制环境,唯有改变自己,去适应环境,才能保证自己在万物的竞争中,在自然的选择中,经历风风雨雨后最终存活下来。

中华五千年,经历了狼烟奔腾、兵荒马乱的时代,感受过礼乐崩坏、道德空虚的时代,聆听过百家争鸣、九流共生的时代,遭遇过尔虞我诈、弱肉强食的时代,体验过动荡不安、急速发展的时代……每一个时代的结束都是另一个时代的开始,一个更适合当下社会局势的新时代的开始,这又何尝不是权力与权力之间、政权与政权之间的优胜劣汰呢?每段历史和故事无不带着隐约的悲痛向我们走来又被迫离去,不断地更新换代,留存下来的又是什么?留下的总是那个在当下可以让战争得以短暂平息,让人民得到安宁的胜利的时代。

人类需要用火来对抗危险,需要用火来加热食物,因而掌握了钻木取火的方法;人类想要延长记忆,留下来过这个世界上的证明,因而开始了结绳记事;人类渴望抵御寒冷,免受彻骨之痛,因而学会了衣布蔽体……这都是人类为了适应环境、满足需求做出的选择和付出的行动。社会每一天都在进步,时代每一刻都在发展,虽然历史中的一切无法一直保留着几千万年前甚至几亿年前的原始特征,但是人类并没有因此就向环境低头,一直在为了适应最新的环境、拥有更好的环境而努力。爱迪生在经历了几万次的失败之后依旧坚持,从而发明了电灯泡,为人类带来了

光明；汉朝的蔡伦坚持不懈尝试，用粗布、麻袋造出了廉价耐用的纸，由他监制的纸被人们称为蔡侯纸……正是这些生活强者、努力适应生存环境的巨人的共同努力，才使我们的生活变得更加便利、更加五彩斑斓。

　　一粒种子埋藏在森林里，如果没有不断壮大、破土而出的信念，不想在参天大树的树荫下寻找梦寐以求的阳光，不想在泥土里吸收养分，没有向高不可攀的天空索要雨露，就没有发芽的机会，更不能开出美丽的花朵、结出丰硕的果实。我们活在浩瀚的宇宙中，比埋藏在森林中的一粒种子更加卑微和渺小，会遇到更多的艰难和阻碍，会经历更重的打击和挫折，会面对更多的危险和苦难。

　　面对自然选择，我们要以谦卑的态度去面对。暂时的低头换来了更长的生存时间，悟出了更好更强的生存之道。庄子有云："吾生也有涯，而知也无涯。以有涯随无涯，殆已；已而为知者，殆而已矣。"我们要学习爱迪生、蔡伦面对生活的态度，他们是无数个坚持不懈生存下去的例子中的典型，用思想和行动向我们诠释了"物竞天择，适者生存"的道理。动物会为了生存使尽浑身解数保护自己，因为它们知道"物竞天择，适者生存"。人会步步为营、与时俱进地跟上时代发展的脚步，因为他们知道"物竞天择，适者生存"。国家会从贫穷走向富强，从落后走上先进，因为"物竞天择，适者生存"。民族团结一致，携手并进，保卫国家，捍卫尊严，共同进步，因为"物竞天择，适者生存"。

　　任何时代，任何环境，唯有适应者，才能克服困难，得以生存。

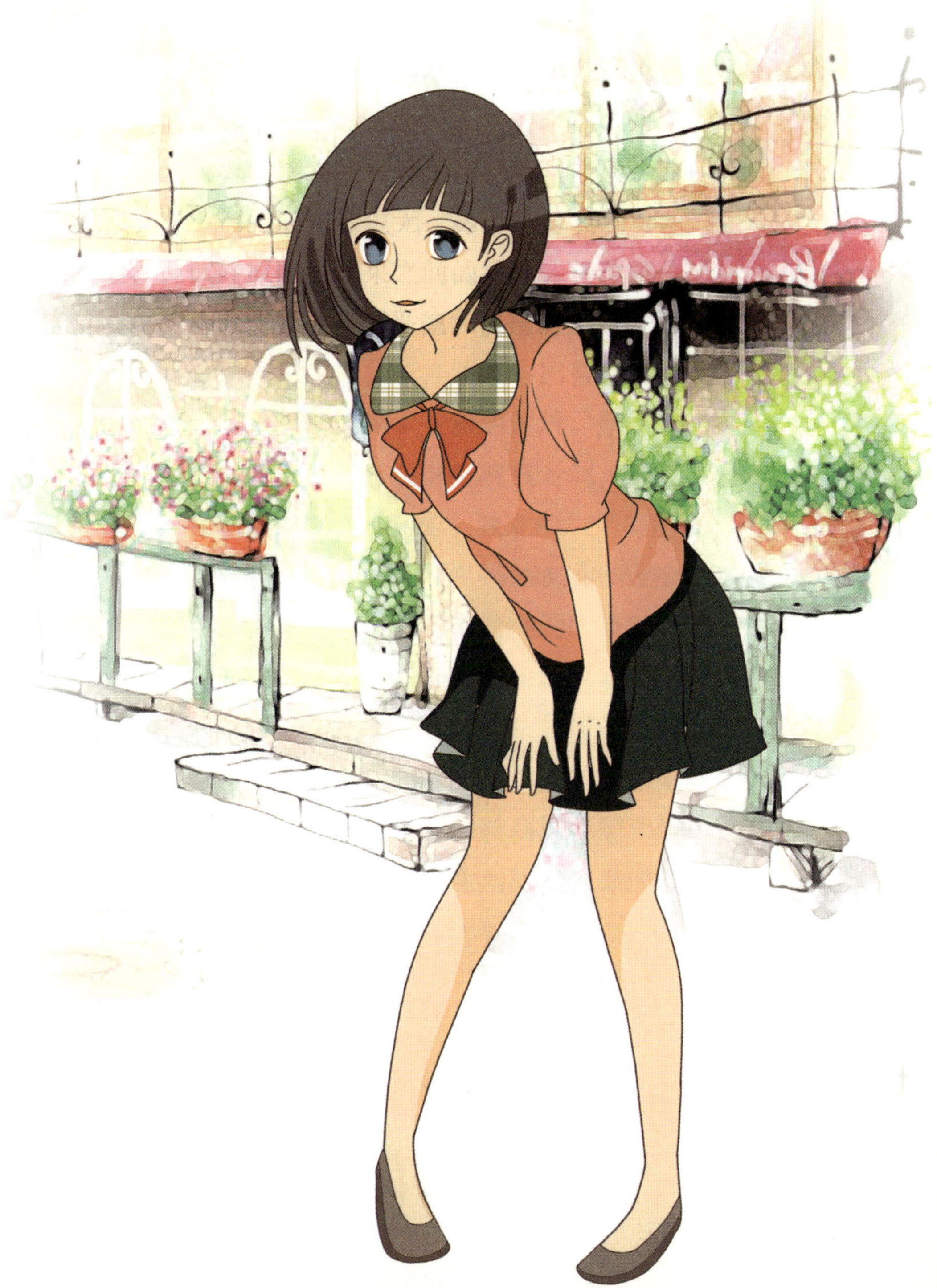

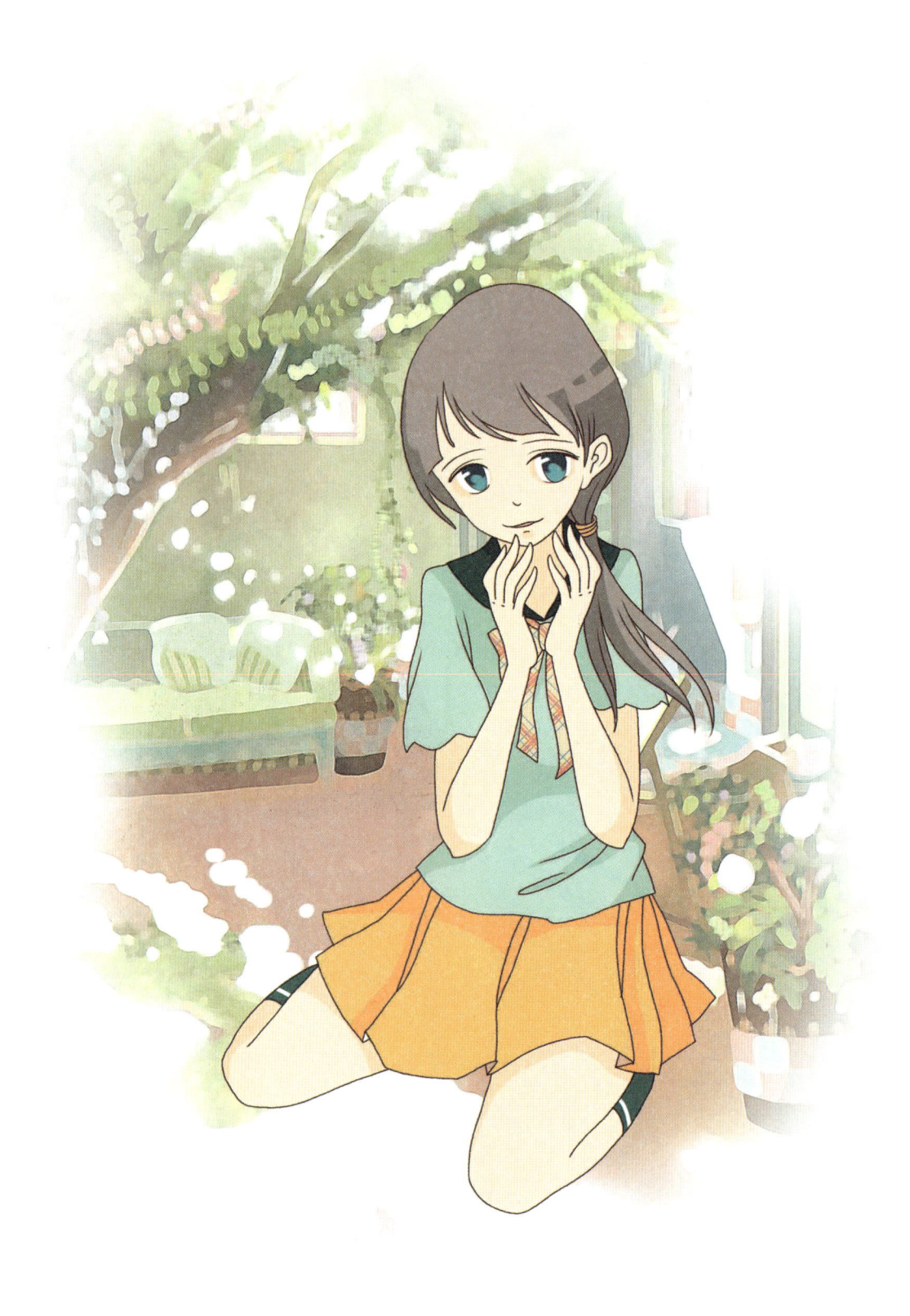

进化论对生物进化的影响

生物在千百年来的进化与蜕变中经历了"物竞天择，适者生存"这样一个过程，直到变成我们今天看到的模样。或许我们会质疑，进化论就一定是正确的吗？"物竞天择，适者生存"就一定是生物的发展规律吗？实际上，进化论是Evolution，而不是Evolution Theory，这个结论是在经年累积的经验和观察中得到的较为妥善的答案，并非生物进化就一定是按这个理论发展而来。

从科学严谨的角度来说，"进化"这个词并非完全准确，现在大家公认的生物进化是没有方向性的，更准确的描述应该是"演化"，那么演化的目的是什么呢？很显然是为了适应环境。我们无法系统地整合全部的生物来分析演化的规律，更无法得出百分之百正确的结论。每个物种的出现或许都是一个偶然，这些"偶然"之间是否存在绝对的关联是很难得到论证的。因此，这个规律就从人本身出发来分析，由点及面地罗列出生物进化之间的某种共通性。

"人类是由猴子进化而来的"，想必这句话大家都很熟悉，同时现在的猿、大猩猩、猴子等灵长类动物也都是人类的近亲，为了区别人类与其他动物，马克思曾将人类定义为"会制造工具和使用工具的生物才叫作人类"，即便是证实人类的存在，也需要有可信的证据，制造工具并使用工具才能得到较为完善的发展，在历史长河中会留下蛛丝马迹。如果排除这一特点，目前发现的最早的人类化石大约在700万年前。700万年是一个非常漫长的过程，但目前还未发现700万年前除了化石之外留下任何的文明遗址，所以当时的人类具体是怎么生活的我们不得而知。最早的古代人类的遗址是大约300万年前的山顶洞人和元谋人，即便是300万年，也是一个非常长的时间，那么为什么在人类出现之后的这几百万年里就再没有猴子进化成人了呢？

让我们再次回到马克思对人类的定义：人类是唯一能够制造和制造工具的物种。但是，英国的动物行为学家古道尔博士经过对大猩猩常年的观察，并与它们一起生活后发现，猩猩也是可以制造和使用工具的，并且根据居住地的不同，猩猩制造和使用工具的方法也不一样。值得注意的是，大猩猩和人类的相似之处不只在会制造和使用工具上。古道尔发现猩猩也会有组织、有纪律，并且目的明确地打猎和分食猎物。在这之前，我们只知道动物是非常聪明的，比如大雁排列不同的队形向南方迁徙过冬，不断变换的队形是为了顺应风的方向或者抵御危险，这很明显地表现了大雁的组织性和纪律性。动物还有合作意识，狼群在追捕猎物时相互合作就非常默契，它们甚至有方案、有计划，在领导者的指导下非常机智地追捕猎物。

这些都充分表现了动物的智慧，我们也许能接受狼或者狮子捕杀猎物，但我们很难想象某种生物会血腥暴力地捕杀另一种生物，并且分食生吃，最后还在我们的眼皮底下慢慢进化成人类。因此，即便大猩猩和人类再像，甚至是思维和行动都和人相差无几，那也只会被命名为"高级猩猩进化种"等别称。

相对来说，人类出现得更早，智能开启得更早，有语言，也有较强的学习能力，发展得更加全面。猩猩依旧活在大自然中，它们也会使用工具，也有意识、有家庭，相对于其他动物而言更有灵性。还有许许多多的动物，它们都很聪明，都是大自然的佼佼者，拥有自己的一套生存本领。在"物竞天择"这场激烈而漫长的马拉松比赛中，所有这些生物都在路上顽强地奔跑着。但不论怎样，猩猩和猴子不会成为"人"却是一个事实，因为人类已经存在了，或者说，在"物竞天择"这场比赛中人类在某个转角处超越了它们，跑在了前面，并且在超越之后仍一直往前跑，奔跑的速度也并不是一直保持不变的。人类社会的发展也是一股推力，我们的速度也在成倍地增长，所以想出现"后来者居上"的局面几乎是不可能的。这种后来者居上并不意味着绝对的"先来者阻碍后来者"。科学家们经过研究考证发现，现在的人类都来自同一支走出非洲的种系，地球上开始出现人类并不是某个时间内出现了一模一样品种的人类，环境不同，当时人类的种类也不

同。但为什么现在的人类都属于同一支走出非洲的种系呢？有那么多迁徙出来的进化中的人类，以及本土生长的古代人类，最后却只剩下一个品种。我们只能说刚好是那只走出非洲的种系击败了其他地方种系的人类，最后活了下来。其他种系的人类也就逐渐消亡，随之消失的是他们的基因，而留下的那部分人类基因几乎就属于那一支种系。

很明显，如果单一从人类进化的角度来看，终究还是最适应环境、在竞争中最终能存活下来的古代人类成为最后的胜利者。

如果追溯到生物刚开始出现进化的那个时候来讲"物竞天择，适者生存"，或许更能诠释这个定义。

猴子不能进化成人类的一个根本性原因就是：现在的人类并不是由现在的猴子进化而来的；或者说得更彻底，人类并不是由现在的猴子进化而来的。进化的必备条件就是环境，需要环境来促使某个物种进化，来实现"适者生存"，很明显现在的环境并不符合猴子进化成人类的条件。

但是目前的研究结果告诉我们，人类和猴子、猿、大猩猩都有同一个祖先。既然有同一个祖先，为什么没有演化成同一个品种呢？一部小说里曾这样描述物种的分类：世界原本是一片汪洋，后来慢慢有了陆地，于是一部分人类选择上岸，长出了双腿，另一部分仍然留在海里。长出了双腿的人类在陆地上一直走，越走越远，最后忘记了回到海里的方法，于是原来的一个物种就分成了两个有着明显差异的物种。关于人类和猴子等其他灵长类动物的进化大致也是同样的步骤和道理：一部分古猿生活在丛林里，它们需要长长的厚实的毛发来抵挡阳光和寒冷，于是变成了大猩猩。一部分生活在树林里，为了吃到香蕉，它们需要有灵活的身体和掌握攀爬的技能，于是选择了猴子这种轻巧的外貌和体形。又有一部分走出了森林，开始了漫长的"求索"。在这场"求索"中，有的知难而退回到了原来的地方，有的随遇而安找到一棵喜欢的树，干脆就栖息在树上了，剩下的一批想要继续赶路的，就一直往前走。为了方便行动，它们有时候手脚并用，经过火山的时候偶尔尝到了一块被烤熟的肉，于是开始用火，为了更好地在群体中生活，融入没有森林保护的世界，慢慢进化成了人类。

当然上述讲的都只是一些非常浅显的理论，并没有把问题的本质描述完全，只是为了更好地理解分化这一概念。而其他物种的分化经过和原因也大致与灵长类动物的个体差异的产生基本相同。

"物竞天择，适者生存"不仅适用于物种间的分化，同样适用于某个物种的演化。再次用灵长类动物区别的例子来诠释这种演化的规律。人、猴子、猿是同一个祖先进化而来的，那么为什么人类没有尾巴而猴子有呢？"因为尾巴没用了，所以就不要了。"这一切改变的根本原因依旧是环境的变化，尾巴的作用是为了维持动物身体的平衡，偶尔也可以作为攻击敌人的武器。但是人类到陆地上生活之后，不再在树上生活，直立行走也不需要尾巴来维持平衡，对于已经会使用工具的人类来说，用尾巴来攻击敌人也没有什么必要了，于是为了"减负"，就索性将尾巴退

化掉，直至它不再出现。不过在人类的历史发展中，也存在一些返祖现象，比如新闻上说的"毛孩儿"的诞生。可是设想一下：即便返祖的概率大到千分之一，即一千人中有一个人是长着尾巴的，但在当时狭小的部落组织中就是一件非常奇怪的事，想要生存下来都很艰难，更不用说繁衍后代了。事实上，返祖现象一直存在着，怕冷的人会比不怕冷的人的汗毛要厚要多，这细微的不同也是为了适应当下的环境。

"进化"是为了适应环境，而朝着适合的方向发展，"没用，所以消失"不一定就是"进化"了，消失的原因也完全可以用"物竞天择，适者生存"来解释。我们不能确切地说现在存在着的生物都是最好的，但是可以肯定的是，它们都能适应现在的环境。

无论是动物界还是人类社会中，生物进化一直在悄然进行着，环境是大环境，是各种组合穿插营造出来的环境，"物竞天择，适者生存"也是在这不断变化的环境中不变的定律。进化是没有极致和顶端的，所以也不会存在绝对的适合和绝对的不适合，各个物种也只能随着不断变化的环境来改变生存方式，适应当前的环境，由此才能生生不息地繁衍，将生命继续进行下去。

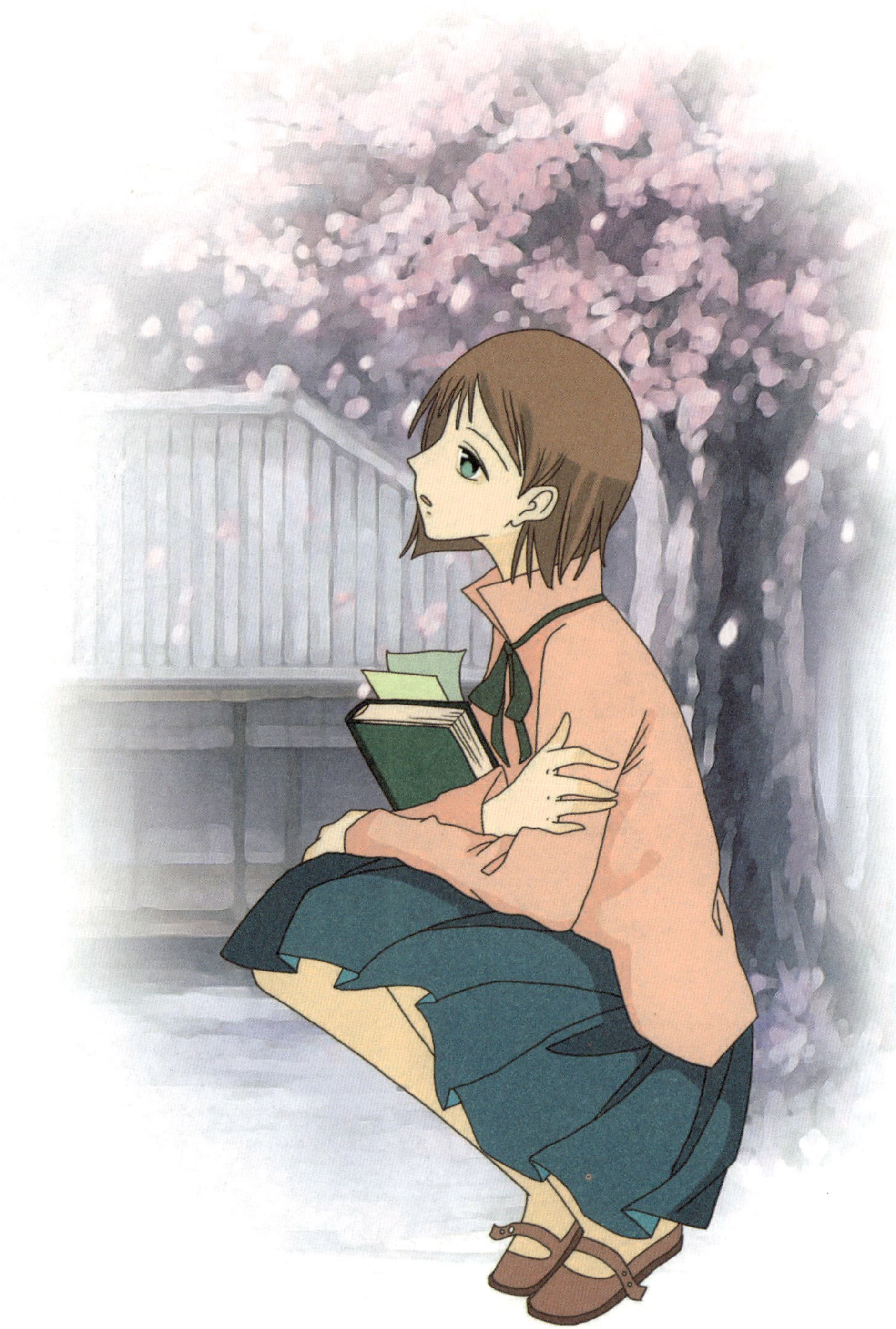

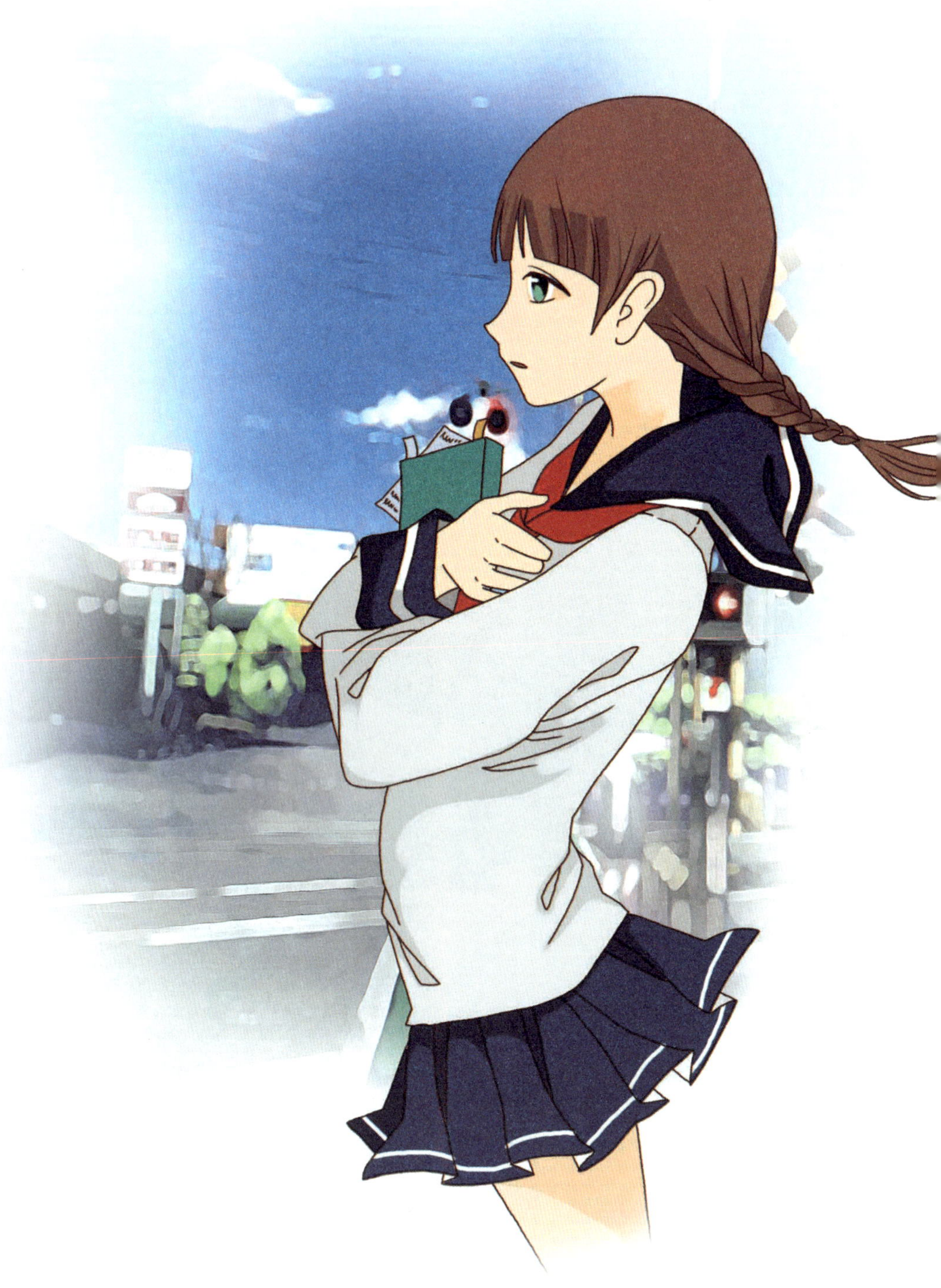

进化论对人类发展的影响

经济不断增长，物质的冲击越来越大，现在，你的意识里也有"物竞天择，适者生存"或者"弱肉强食，优胜劣汰"的观念吗？是否你每天都倍感压力，忙生活、忙工作，又常常一无所获呢？我们明明知道，前者的观念就是造成后者情绪的根本原因，但是依旧无法遏制身边的一切朝着弱肉强食、优胜劣汰的方向发展，也无法轻松地从思想压力中解脱出来。这几乎是大多数人都有的困扰和矛盾，于是每天都有人对你说"要善于调节自己的情绪啊"，"你是无法改变周围的环境的，但是你可以改变自己，让自己适应这种环境"，或者干脆打击你，"你之所以会受委屈是因为你不够好、不够强大"，"不要再抱怨了，找找自己的原因吧，不要为自己找借口"，等等。"物竞天择，适者生存"的思想已经深深扎根于人类社会中，虽然看起来有些残酷，但是人

与自然之间、人与人之间的这种法则几乎成了一种约定俗成的规律。

人类社会中之所以会有"物竞",大多是因为不平等,同一个物种之间出现不平等进而相互竞争是非常合理的事。但即便是最民主的社会,也存在着经济和社会地位上的不平等。人类是从什么时候开始有阶层等级之分的,一直是人们争论的话题,一项经过对古代人类史前农耕群体时期的骨骼的研究显示,不平等的世袭制可以追溯到七千多年前。考古学家们曾通过对比古代陵墓中的陪葬品,来推断群体社会中人与人之间的等级制度。有迹象表明,不同社会角色的葬礼仪式和陪葬品有所差异,有些人的下葬仪式明显更好。而科学家们根据陵墓中骨架骨骼中的微量元素含量推断出,从七千多年前开始,人类就因为社会地位不同而出现了居住地上的差异。显然这种种族内部的差异一直留传至今,如果我们回到当下,这些差异或许可以归结为有钱人和穷人、权贵和平民之间的生活环境的区别。我们无法改变这种差异的存在,那么我们要如何正确看待这种差异呢?

"物竞天择,适者生存",原本是指在自然界中物种间及物种内的相互竞争,物种对自然的抗争,能适应环境的一方存活下来的一种自然法则。实际上,达尔文的进化论中所说的"物竞天择"是有前提条件的,这个前提就是生物对其他物种的排挤或者淘汰行为,是为了让本物种更好地活下去。那么人为了保护自己的家人,让他们得到更多的资源、更好地活下去的行为,似乎是与生俱来的。但现在形成的社会局面往往是,有权力的人想要得到更多的权力，有钱的人想要挣到更多的钱，即便他们获得的东西已经远远超出了他们的需要，但依旧在乐此不疲地争夺。或者说得更加客观一些，人类为了生存而吃食物，为了得到充分的动物蛋白而吃鸡鸭鱼肉，但是很明显，人类饲养的家禽已经完全能够满足人类的需求。

既然这样，为什么还要偷猎藏羚羊呢？捕杀黑熊又是为了什么呢？这也是"物竞天择，适者生存"的一种表现吗？或者，不妨把这个问题扩大到人类社会：艾滋病人、癌症患者是弱者，就应该死吗？乞丐、流浪汉都是社会最底层的人，就应该被社会彻底淘汰掉吗？那些被谋杀、被伤害的人就应该被践踏、被伤害吗？如果真是这样，那么这个社会就太可怕了。

人类社会之所以被称为"有文明"的社会，正是因为我们愿意给这些弱者留一些空间，让他们也能生存下去。任何时间、任何地点都会存在乞丐、流浪汉、病人、弱者，人类文明发展的标志，就是弱者有越来越多的生存空间，按照"物竞天择，适者生存"的规律，任何一个物种都不会将本物种逼得无路可退，越来越少，甚至消亡。

强壮的狮子为了让自己的孩子更好地成长而捕捉更多的猎物，有背景有地位的人为了孩子更好地成长而给予孩子更多更好的资源，这些行为的目的都是后代能够更好地成长。实际上这也是从过去的经验出发对后代的环境进行改善，为后代的有利变异提供基础，从而让自己的孩子以"适者生存"的方式更好地活下来。

我们现在所说的"物竞天择，适者生存"更接近于社会达尔文主义。而在当代中国,社会达尔文主义和共产主义的意识形态并存,导致很多人混淆了社会达尔文主义和生物进化论的概念。因此,我们用"弱肉强食""适者生存"来说明现代社会的种种不公,埋怨制度、法规的不完善,从理论上来讲是片面的。无论是物种之间还是物种内部,竞争都很正常,但是社会不是原始森林,人类之所以为人类,最关键的因素是创建了文明。

那么到底什么是社会达尔文主义呢?这个定义在进化论问世后不久,就由一个叫斯宾塞的人提了出来。斯宾塞首先将社会与个体之间的关系,和生物与细胞之间的关系进行比对,这两组关系的相似性无可厚非,人类社会中有等级差异、重要程度之分很正常,就像人体也有脏腑、细胞之分一样,它们的重要程度也是不一样的。

但是之后斯宾塞又将生物的遗传、变异等概念引入社会达尔文主义,并将其作为一种社会理论,未免有些牵强。我们不能彻底否认斯宾塞引入这些观点的缘由,因为社会中总是存在着特例,如何对应这些"特例"也是一大难题,毕竟并不是所有人都会给弱者留有空间,让他们继续生存下去。人们将"物竞天择,适者生存"这一生物生存定律与对道德问题的误解相混淆的思维方式的普及,对人类社会造成的更多的是负面影响,这是对人类原始欲望的一种强烈的冲击,我们也无法一朝一夕就彻底扭转这种局势。

人类发展至今,也的确受到"物竞天择,适者生存"的影响。例如,在战争中,强者会获胜,所以就有了现在国与国之间、民族与民族之间的差别。在人类进化初期，那些更聪明的、适应环境能力更强、更会躲避危险的种族活下来，继续繁衍下去。如果我们将人类社会比作丛林也是有一定道理的，只是我们能够比较清晰地辨别什么叫作丛林法则，什么叫作人性与道德。

今天让我们倍感压力的规则不再是历史发展上的进化论，而是关于人类道德的一场辩论。我们创造文明，但并不是全部的人都会遵守这个文明的规则。人是极易受到外界环境影响的，因为身边的人实在太多了，要想在泥淖里生存就必须清楚自己的处境，如此我们才能继续在黑夜中摸索前行。但是我们又无法全方位地了解周围的处境，只能从别人的经验中获得信息。只是在信息传递的过程中，大家各有各的理解，将原本有根有据的信息剥离分开又混杂在一起就变得十分复杂，这既是一种质变，也是一种量变，只有自己掌握住重心，才能平稳自己的心态。

实际上，今天的社会竞争原本也是一件非常简单的竞争，所有竞争的初衷都是让想要进步的人进步，让社会更好地发展。例如，考试的真正目的不是让考出好成绩的人炫耀自己的成绩，也不是告诉考得差的人自己有多么差劲儿，考试的目的仅仅是获得更多的知识。

我们的人生是一场漫长的马拉松比赛，死亡是最后的终点，也就是说，我们每个人都能到达那个终点。但是这场比赛的意义并不在于谁能抵达终点，而是谁能在路上跑出更开阔的视野，看到更多的风景，经历更多的风雨。最后又是谁能够在一马平川的草原上肆意奔跑，得到自己想要的自由和生活。

在很久很久以前，鹿吃树上的叶子，羊吃地上的草，狼吃掉了鹿和羊，狮子又吃掉了狼，最后还是霸王龙最厉害，统治了整个地球，但是霸王龙却最终灭绝了。人类是在智能等级上高于其他动物的生物，所以我们有了文明。在人类的历史长河中，我们更应该发展良性循环，摒弃恶性竞争，让人类社会，让我们的地球，得到更健康、更优良的发展。

第八章　实践论

马克思主义以前的哲学
知难行易与知易行难
实践是检验真理的唯一标准

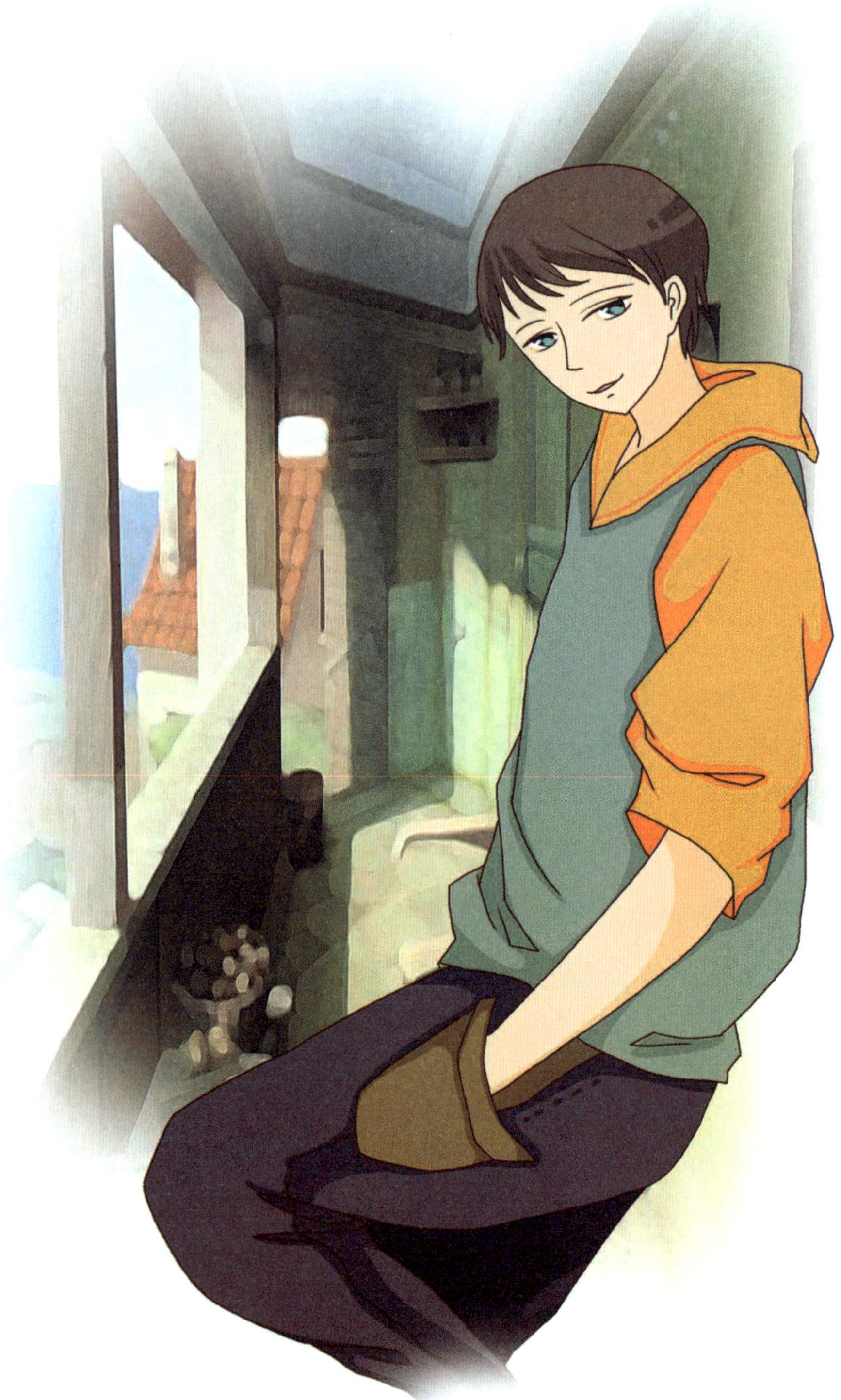

马克思主义以前的哲学

马克思主义哲学是当今我们最为推崇的哲学理论，它不仅作为理论出现在我们的生活中，也引导我们用实践来检验真理。社会需要不断发展和进步，可以说马克思主义哲学就是推动我们进步的思想。在历史长河中，哲学思想数不胜数，为什么只有马克思主义哲学成为我们今天运用最多的哲学思想呢？解开这个疑惑，要从马克思主义之前的哲学开始分析。

在原始社会，人类对自然的一切都感到新奇，周遭的一切都似乎是难以理解的。人类不知道为什么会刮风下雨，不知道为什么会电闪雷鸣，不知道为什么会潮起潮落，也不知道为什么人会生病，更不知道人类生存的地球到底是什么样子。在生命遭遇了无数次的威胁后，人类对大自然的敬畏之心油然而生。这个时期，大自然充满了神秘的色彩，好像这一切都是"天神"的安

排，人类的反抗无疑是以卵击石。于是原始人开始祭祀，开始参拜天神，并认为敬畏天神是理所当然的。在原始社会中，人类的寿命很短，人类既没有足够的时间累积经验，也没有便利的用于记录的工具，只能根据长辈的经验和自己出生后累积的经验生存。在人类看来，一切逻辑关系都显得那么复杂，他们只能相信有某个未知的、超越一切的强大存在，在这个存在面前人类是如此卑微和渺小。这便是早期的神秘主义。

人类社会产生文明后，人类忙于改善自己生存的环境，神秘主义的范围开始缩小，但人类依旧敬畏神，依旧对人类的存在一无所知。直到苏格拉底意识到人本身的存在，苏格拉底说："没有经过审视的生是不值得活的。"他呼吁人们为自己而活，要寻找自由和权利。孔子曰："不知生焉知死。"在这句话中，他将"生"的概念放大了，"敬鬼神而远之"更是将人们从神秘主义的世界中唤醒。可见，无论是东方还是西方，都开始摆脱神秘主义，重视人本身思想的探索。但是重视人本身的思想与统治者的统治是相冲突的，为了稳固自己的统治，维持君主制度的社会模式，统治者依旧用"神"来麻痹人民的精神。中国古代的"天子"便是这样一个至高的存在，"天子"自出生就有着比其他人更高的地位、更大的权力，天子的权力是神授予的，并且将这种思想深深植入人民的思想中，由此控制人民的精神，削减人民的反抗意识。但是，这时的统治者有了人存在的概念，只是比较模糊。比如，英国的查理一世不愿接受贵族统治者们为了保证自己的高贵地位给君权赋予神的理念，也不肯接受如此离谱的君主立宪制，最终慷慨殉道；中国也有不少明君反对大臣关于"天灾人祸"的荒谬建议，勤政爱民，关心民生。

这便是人类哲学大体上发展的第一个阶段——认识到人的存在。

神秘主义影响了人类几千年的历史，终于出现了一个人，为人类世界打开了科学的大门，这个人就是英国伟大的哲学家——培根，马克思称其为"现代实验科学的鼻祖"。

培根摒弃了前辈哲学家们从经验和猜测中获得启示的方法，转而注重搜集事实，从大量的事实中归纳出一般结论，这就是归纳法的基本原理。在对事物的一般规律进行归纳之后，在结论的基础上对事物进行演绎，根据演绎的结果再反推出事实。如果这个事实与先前要证明的事实是一样的，那么这就是一次成功的归纳和演绎，得出的结果就是真理。

归纳法在如今的生活中随处可见。比如，我们做一道复杂的计算题，算出结果之后一定要将其带入原来的式子进行验算，如果验算的结果无误，那么得出的结果就是正确的。归纳法一直沿用至今，它也是目前现代科学所遵循运用的方法论。归纳法的出现推翻了此前哲学的一味空想，为现代科学的发展奠定了基础。

科学精神就是大胆质疑，世界上没有不能质疑的东西，甚至不乏哲学家和科学家质疑"人"的存在，这就是科学的精神。笛卡儿著名的"我思故我在"，就明确大胆地质疑了人的存在，"我"的存在是"我"思考的产物，"我"也可以质疑"我在思考"这件事的真伪，正是这种质疑证明了"我"的存在。大卫·休谟就非常欣赏笛卡儿的质疑精神。

由此我们也可以质疑：归纳法一定是正确的吗？

我们观察到1000只猫头鹰都是在晚上出现的，就证明所有的猫头鹰都一定是在晚上出现吗？我们看到1000只乌鸦都是黑色的，那么全世界的乌鸦就一定都是黑色的吗？我们不能保证。我们可以看到某个事物在另一个事物之后出现，但是永远不能保证这个事物一定会跟在另一个事物之后出现。我们可以看到太阳每天都从东方升起，但我们不能说，今天的太阳是因为昨天的太阳升起过，所以它也跟着升起了。有些规律只是规律，它真实存在着，但是仅靠观察，我们只能看到表象，触碰不到本质。

休谟的怀疑论怀疑一切或许不对，但他的怀疑是值得肯定的。我们的一切感觉都是无法证明的事，比如在出现幻觉的情况下，我们需要参考旁人的意见，才能知道自己的意识出现问题了。而旁人的感觉又是如何鉴定的呢？只能靠大多数人作为佐证或者依靠经验来辨别。

在神秘主义、归纳法和怀疑论出现之后，接下来的问题就是如何妥善处理这些怀疑。怀疑是人类社会不断进步的巨大推动力，也是一切思考的原动力。没有怀疑就无法建立新的思想理论，而社会在发展，人类的思维同样需要随时修补。

此时科学已经为大多数人所信服。黑格尔在吸收了培根等归纳派的思想后，着手对笛卡儿的怀疑论进行修补，从而产生了著名的黑格尔辩证法。卡尔·波普为了调和怀疑和科学之间的关系，创立了最早的科学哲学。卡尔·波普认为，科学是在假说的基础上建立和生存下来的，没有绝对正确且永不变更的结论，能够构成科学的只有假说。比如，我们不难发现，数学有纯粹的逻辑体系，或许解开一道题有多种方法，但是思考的逻辑和方向总是有迹可循的。而物理、化学、生物，无论是万有引力定律，还是人体的基因遗传密码，都是由假说构成的。卡尔·波普分析事物的操作步骤和培根十分相似，都是对其进行归纳，然后根据归纳得出的结论对事物演绎，这种方法也可以叫作验算。验算的结果无误，才能证明这个结果和推理的过程是正确的。卡尔·波普的成就在于他对培根和休谟的思想体系的修补，他沿用了培根的归纳法，也认同休谟的怀疑论，在此基础上加入科学元素。他认为所有的结论都只能看作一种假说，既然是假说，就应该被怀疑。我们不知道某个结论会在哪一天被推翻，也无法百分之百准确地预知未来，即便是现在看起来天衣无缝的结论，某天也有可能出现变化。当我们发现结论与事实不符时，要积极对其进行修正或补充，建立更完善的甚至焕然一新的新假说，使某件事的结论总是处于更加接近事实的状态。

　　人类世界从神秘主义到科学假说的进程无疑是漫长而艰难的，但人的一生本身就是一个寻求意义的过程。我们不知道生命到底从何而来，我们能够真实而脚踏实地地活在这个世界上靠的又是什么呢？因为有黑洞的存在吗？我们只知道无论是宇宙还是黑洞，都是无边的黑暗，而我们的生命就是从这无边的黑暗中繁衍出来的。无论是社会的每个阶段还是人生的每个阶段，当我们想要追寻回去的时候，看到的都只有无边的、刻骨的荒凉。但我们的生活还要继续，社会的发展还要继续，总不能就此放弃，让自己冻死吧，所以我们只能在心中点燃让自己赖以生存的炉火。在古希腊时代，炉火就是柏拉图的理想国，即便是战乱连年，也让人们对和平抱有希望；在中国古代，炉火就是大唐盛世，人人丰衣足食，百姓安居乐业；在三国时代，炉火就是那些将百姓安危放在首位的英雄们，用他们的生命换来了短暂安宁；马克思主义哲学，就是在中国社会陷入无边荒凉的时候燃起的一团炉火，教会我们生存的方法，给予我们生活的勇气，它是指引我们前进的罗盘。

马克思主义哲学之所以能够成为当今社会的主流，不仅仅是因为它包含丰富的科学内涵和深刻的哲学道理，更是因为它是最适用于社会主义社会的思想理论。马克思主义哲学将辩证法和唯物论进行整理和分析，取其精华，去其糟粕，并将其融合，应用于当代社会。

马克思主义哲学在否定和批判的基础上，又继承了旧哲学的思想精髓。它在内容、对象、哲学性质和社会作用上，与先前的哲学有着很大的不同，它将唯物主义发展得更彻底，将科学精神贯彻得更充分，将无产阶级路线描绘得更清晰。

没有马克思主义之前的哲学，也就没有今天的马克思主义。哲学是经过不断变更和累积发展而来的，我们的社会也是经过无数次变革和时间累积成为今天的模样。

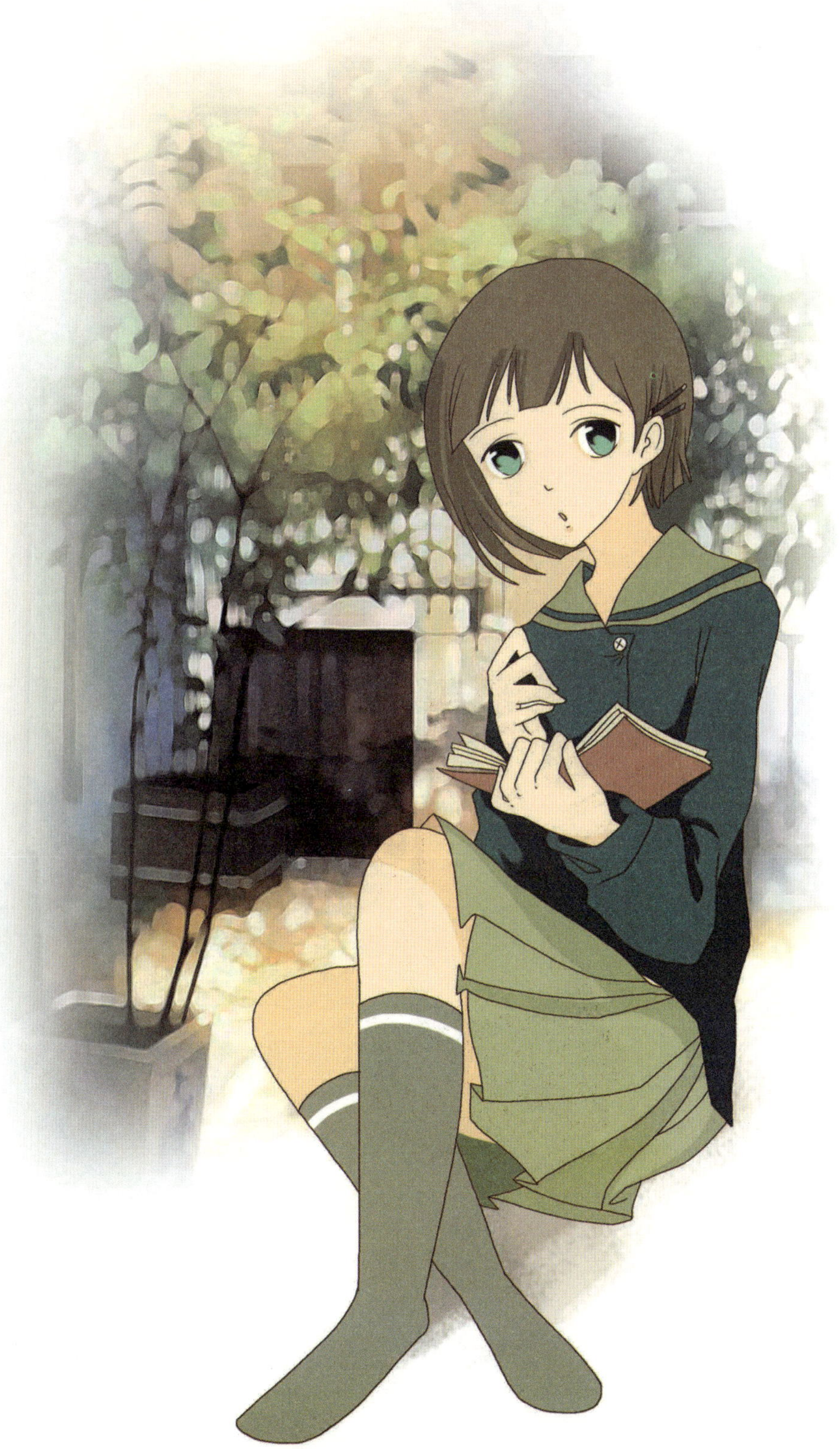

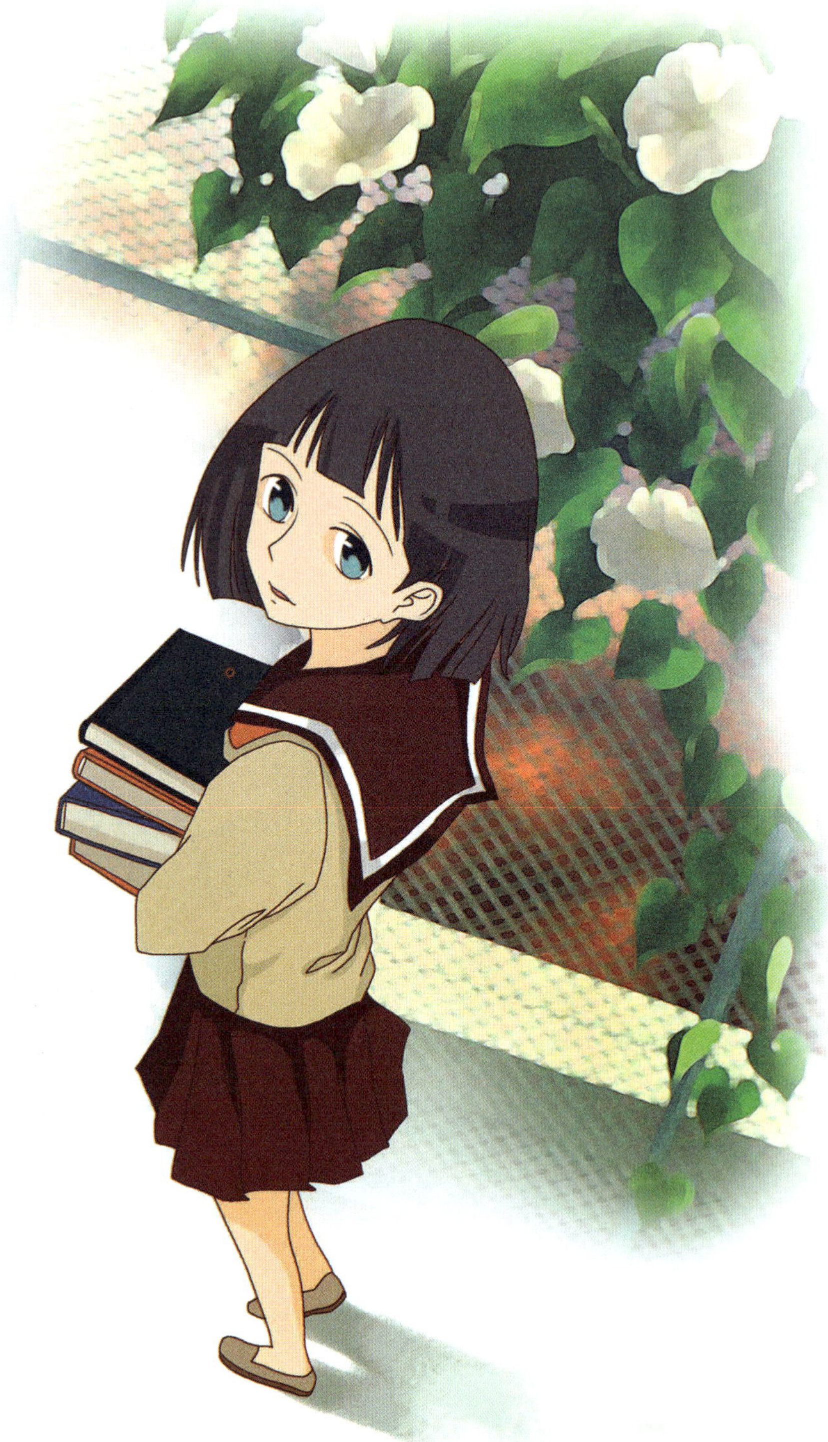

知难行易与知易行难

是知难行易,还是知易行难?人们一直在争论这个问题。简单来说,我们要探讨"知"和"行"两者谁更难的问题。这是中国传统文化上的一个经典命题,曾被很多哲学家深究,更有王明阳等得出"知行合一"这最为重要的结论。那么为什么这两者会如此不好区分呢?

一次,文轩家的水龙头坏了,他的爸爸怎么都修不好。没有办法,文轩爸爸就找专门维修水龙头的人上门来修。修水龙头的师傅来了,仅用了一刻钟就将问题妥善解决了,并收取了21元维修费。文轩爸爸问:"为什么是21元而不是20元整呢?水龙头也是家里自带的啊。"维修师傅说:"这21元里,20元是为我的知识埋单,最后零头的1元钱才是我的手工费。您要是有异议,我也可以给您便宜点儿,免去我的手工费用。"文轩爸爸对师傅表示理解，说："原来是这样，难怪我花了那么长时间都没有解决的问题您一来就弄好了，手工费可不能少给师傅您的。"最后文轩爸爸付了21元的维修费用，送走了师傅。

文轩问爸爸："为叔叔的知识埋单是什么意思呀？"爸爸解释说："叔叔是专业的修水龙头人员，既有这方面的知识，也有这方面的经验。爸爸就算知道水龙头的问题出在哪里，也不知道怎么修。但是叔叔就具备这方面的知识和能力，这就是我们常说的'知易行难'。"

从另一个角度来看，文轩爸爸不能修好水龙头既可以说是不具备修水龙头这个行动的技能，也可以说是没有这方面的知识。问题的关键在于文轩爸爸知道水龙头的问题出在哪里，但不知道该如何修理。那么究竟是行动比较难，还是拥有知识比较难呢？两者似乎各有各的理。

《离骚》中有一句经典名言："路漫漫其修远兮，吾将上下而求索。"人生之路道阻且长，我们孜孜不倦地修身、齐家、治国，都需要不断探索新的知识，是一个"求知"的过程。我们要了解某个知识并不难，但若要彻底掌握知识就有一定难度，知难行易中的"知"就是掌握知识的意思。知识是无穷无尽的，我们要做的就是在有生之年里尽量掌握更多的知识。"知"是我们了解客观规律的过程，了解和创造知识往往比运用知识更难，爱迪生和他的学生们花费了大量的人力和物力，才在对1600种材料进行试验之后，找到了适合做灯泡的材料。倘若他能早知道哪种材料最适合，就能很轻易地做出理想中的灯泡了。但是，这个探索的过程是极其重要的，世界上鲜有如此有耐心和毅力的人，这种精神的动力都来源于强烈的求知欲，在"求知"精神激励下，行动并不是什么难事，因为人始终是跟着自己的想法在行动。一旦探求出某个规律，一切就将像庖丁解牛般轻而易举。这点似乎能证明知难行易。

"知"也是我们找到答案的方法的过程，掌握方法很重要。有了好的、适合自己的学习方法，学习就可以成为一件有趣且轻松的事。现代社会，获得信息和相互交流，都极为便利，互联网给人们提供了丰富的信息和知识，使人们能够做到"秀才不出门，全知天下事"。人与人之间的联系更加方便快捷，也正是因为我们掌握了知识，创造了为我们带来便利的工具，我们的行动也随着"知"的不断深化而变得容易。我们知道了一道题的解题方法后，完整地写出答案就是一件很简单的事；我们掌握了写作绘画的技能后，写作绘画也是轻车熟路的事；我们学会了怎么开车后，开车也同样轻而易举。这就是为什么说"知"后"行"就变得简单。

中国古代儒家思想中有一个重要的概念叫作"格物致知"。"格物"就是要求人们在实践中获得真理，只有在行动后才能知道事情的真相，在实验后才能获得知识。"致知"就像一面蒙了尘的镜子，我们将镜子上的灰抹去后，才能看到镜子反映出来的真相。要辨别一句话的真伪，也要在剥开掩盖事实的那层外衣后才能得以鉴定。

《礼记·大学》中有这样一句话：古时候那些想在人世间

哲学100问

发扬优良品质、弘扬正大光明的人，首先要知道如何治理好自己的国家；要想治理好国家，先要能够将家族中的事处理妥当；要想让自己的家族和家庭和谐、富足，先要提高个人的素养，懂得修身养性；要想提高个人素质，最重要的是端正自己的品行，对待万事万物要有一颗真诚无比的心；要想让自己成为一个真诚的人，就必须有丰富的内涵和知识；得到知识最好的方法就是认真研究万物。在对万事万物进行研究后，想要得到的知识、真诚的心、高品质的素养、优秀的自身、和睦的家庭和理想中的国家也都会一一实现。

在"格物致知"的观点中，最重要的莫过于探索的过程，也就是"行"的过程。"纸上得来终觉浅，绝知此事要躬行"就是这个道理。即便我们对某个知识有所了解，也需要用行动去鉴定这个知识的真假。著名物理学家伽利略曾研究出自由落体运动，为了证明这个原理的正确性，验证物体的形态和自由落体运动的关系，他准备了两组质量相同但形态不同的实心球。其中一组是完整的大实心球，另一组则将两个小的合起来，跟第一组相同的实心球绑在一起，然后将两个实心球从同一高度、同一环境抛下，最后证明了"加速度"这个定义的正确性。实际上在爱迪生制作灯泡的例子中，我们也能找到"行"更加困难的理由，我们知道很有可能会有理想中做灯芯的材料，但是又有多少人能像爱迪生那样日复一日地尝试并行动呢？如果没有那样坚持不懈的行动，最后也不可能找到这个合适的材料。

我们常说，态度决定一切，这是不是又证明了"知"才是最重要的呢？实际上，在"知难行易"还是"知易行难"这个问题上，是仁者见仁、智者见智的。在不同情况下，两者的偏颇程度也是不一样的，最重要的是我们如何合理变通，将这些概念变成对自己有利的概念。

有人常常抱怨，读书有什么用呢，还不如去学门手艺，掌握一个技能以后受用终生。学习是一个不断充实自己的过程，我们知道，要想做成一件事最重要的是掌握方法，而掌握方法既可以从课本的理论知识中获得，也能从实践活动中得到。那些学习更久的人掌握一门技能往往要比很少学习的人快得多，所以现在不断提高"知"的层次是为了以后更好地"行"。从今天开始，从此刻开始，调整自己的心态，修养自己的品行是十分必要的，学习就是这样一个过程。"知"的过程又何尝不是一种"行"呢？而"行"既是为了"知"，又怎么能说"行"比"知"更难呢？

任何事情的发生和知识的运用都是有它特定的环境和背景的，我们不能为了追求对错而混淆了概念，在探讨的过程中丢失了科学性和逻辑性。知和行之间本身就有着千丝万缕的联系，就像我们不能一味责备一个对香烟上瘾的人："为什么你看到包装盒上的'吸烟有害健康'却依旧在不停地抽烟呢？"也不能指责一个晕晕乎乎的酒鬼："过度酗酒有害身体健康，你为什么还要喝呢？"对烟酒控制是人的自制力的问题，我们既可以说自制力是人的意念不够坚定，非"真知"，也可以说是人的行动能力太过薄弱。"知难行易""知易行难"各有各的道理，最重要的是客观审视这些道理，并在生活和学习中合理利用。

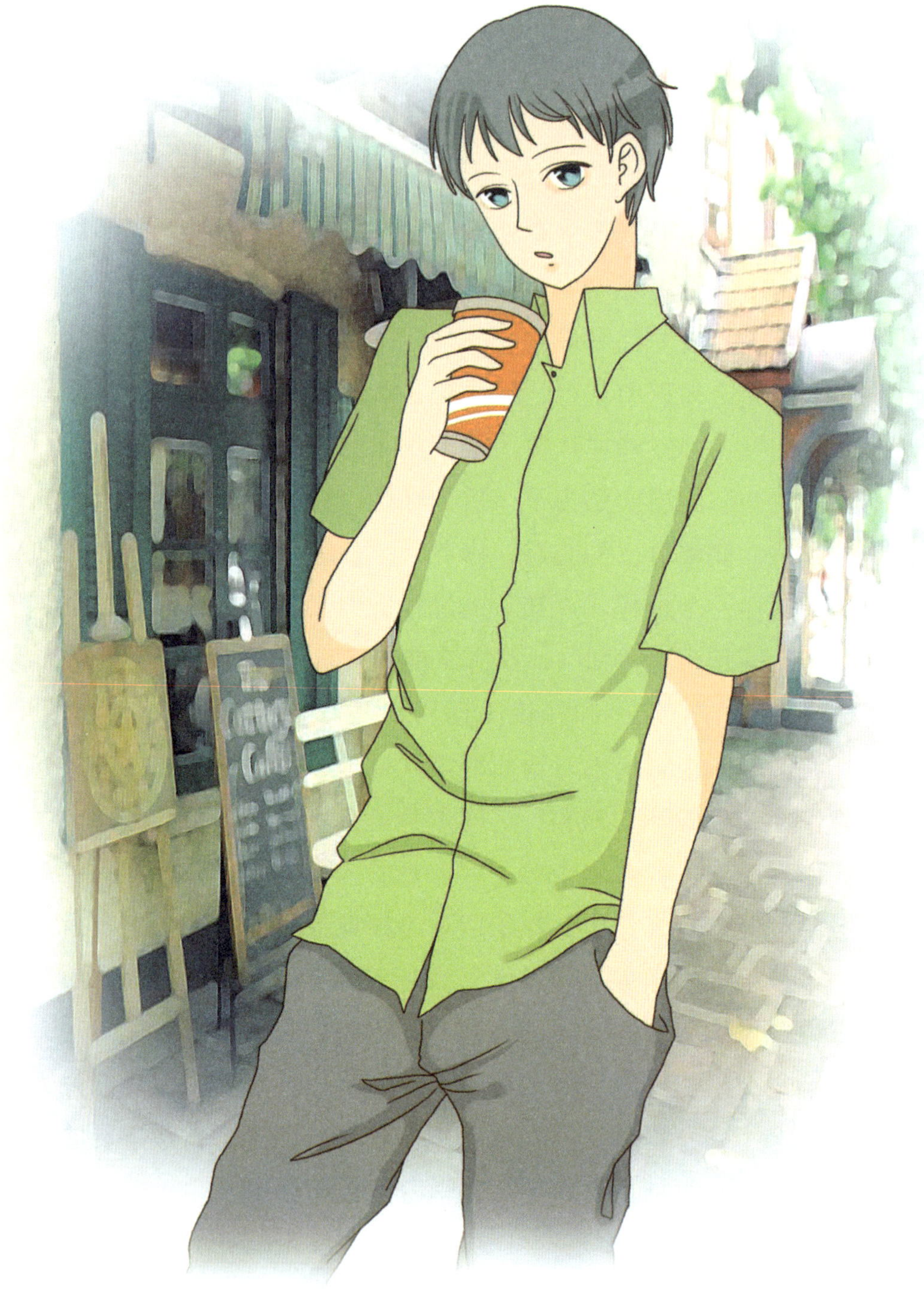

实践是检验真理的唯一标准

　　维系我们生理活动所必需的食物，来自最接近泥土的辛勤劳苦的人民。"锄禾日当午，汗滴禾下土。"我们从小就在古人的诗词中成长。如今在享受着城市的繁华和便捷的交通工具、电器的时候，你是否想到这些东西都是怎么来的？如今陶醉在香味四溢的美食中、体验了各种娱乐设施的时候，你是否想过它们都是怎么出现的？还有城市里的高楼林立、精致漂亮又舒适的家具，它们又是在谁巧夺天工的技艺下被制造出来的呢？当然是我们的劳动人民，他们用汗水和双手创造出这些，他们用实际行动让我们的生活变得更加美好。没有最好的生活，只有更好的实践，他们就是在日复一日、年复一年的实践中让我们的生活日新月异，越来越好。

　　中国作为一个农业大国，如何建设好"三农"一直是被大家

哲学100问

研究、讨论的一个话题。所谓"三农",就是指农业、农村和农民。俗话说"光说不做假把式",仅仅只是讨论问题是无法解决问题的,更重要的是行动,即便现代社会实现了"秀才不出门,全知天下事",但是要解决事情,只有在接触了问题的基础上才能做到。然而就有一个人,他一心致力于发展农业、建设农村、造福农民,他踏遍万水千山,在中国大大小小的乡村中都留下了深深的足迹,他关心农民的生活和农民的收成,二十多年来从未有过怠慢之心,他就是温铁军。

　　二十多年来,温铁军坚持踏踏实实用"脚"做学问,不论有没有经费支持,他都会积极地去发展中国家实地考察具体情况,追求"眼见为实"。作为一名管理学博士的温铁军,更愿意把自己说成是一个普通的为了解决农村问题的调研员或实验者。温铁军是用脚做学问的"三农"学者,炎炎烈日下他骑着自行车,穿着大裤衩,戴着一顶草帽,穿梭在乡间小路上。也正是每一个走访农村的日子慢慢累积,才为他今天在改善和解决"三农"建设这个问题上奠定了坚实的基础。对于温铁军来说,人生中有两个意义非凡的11年:一个是在山西做基层工农兵的11年,另一个是在农村基层的实验区工作的11年。从17岁开始,他便在实践中不断积累对农村的认识,经过了两个11年之后,他依然脚踏实地下基层去搞科研。温铁军不只"看",也在"做",不仅要解决农田里的问题,也要解决种田人的问题。20世纪二三十年代,著名教育家晏阳初曾在河北省定州市翟城村进行了长达11年的乡村平民教育实验,他认为要解决农村问题,提升农民的物质和精神福利也是很有必要的。2003年，温铁军在获得了诸多社会支持的基础上在翟城村创办了第一所乡村建设学院。学院将农民组织起来教他们实用的生产技术，并实施学费全免政策，甚至给学生报销路费。一开始学院建设和课程实验困难重重，试验田常常失败，有机农业得不到农民的理解，但他们并没有放弃，在经过了3年坚持和努力之后，60亩试验田里，小麦亩产量高达900斤，无不叫人啧啧称奇，引得诸多农户的效仿。在乡村建设学员中，温铁军除了推广有机农业和生态建筑之外，还积极推广农村合作社。他希望通过合作社来提升农民的合作意识，将生产和销售两者统一起来，在维护农民利益的基础上，得到更大的效益。温铁军从实际上为"三农"做贡献，从根本上帮助农民解决农业问题、农村建设问题，他的事迹足以证明他忠于实践的时代特色。

有首歌这样写道："我步行一万里，一万里只为见到你。从不向瞬间喘息，紧扼住每一线遇见的契机。一路上留下的脚印，是我付出的证明。每一个孤单的黑夜白天里，我寻找着你。穿越肆虐的沙暴，穿越迷雾的拂晓，而后将是你我的相遇。"这首歌不就是对温铁军走访农村的真实写照吗？温铁军的心始终向着人民，用实际行动来帮助人民。正是这种坚持不懈、实事求是的精神才能收获累累硕果，这或许就是实践的力量。

毛泽东同志曾说："实践是检验真理的唯一标准。"我们生活中的每一步都是实践的一种形式，"用脚做学问"就是实践的证明。人类许许多多的成就都是在实践中完成的。例如，居里夫人十几年如一日地寻找放射性元素，为人类的医学、化学等都做出了巨大贡献；在我国古代的明朝，如果不是一位勇士"以身试法"将47个炸药绑在椅子上做成了第一枚"火箭"，或许就没有今天人类世界的航天梦；人类在地球上永远不知道月球表面的真实样子，于是宇航员登上了月球，完成了人类踏上月球的第一步。

在生活中，对事物的认识是我们了解世界的第一步，但是若想深入了解某件事情，就必须实践。这个实践或许是对事物的真实性进行检验，可能是探索正确答案，也有可能是只有经过实践才能得出答案的事。但是毫无疑问，在实践之后我们会对事物有新的认识，有更加深刻的理解。真正的实践不是刻舟求剑，也不是守株待兔，实践包含时间和地点，在不同的时间、不同的地点会得出不同的结果，实践的结果也会随着时间和地点的改变而有所改变。医学工作者在不断实践中终于找到医治某种疾病的方法，但这个方法就一定会永远管用吗？不会。病毒如果没有被根治，也会对药物产生抗体，进而发生变异。我们如果没能将病毒从这个世界上彻底抹杀，那么就要做好它随时有可能会变异的准备。这同样要在不断实践中找到根治这种疾病的办法。

一个人得出的实践的结论，并不适用于所有人，每个人在实践中得到的感受会有细微的不同，这就是实践的主观性。实践的收获要从自己所得到的感悟开始，进而得出结论，这才会对社会有益、对整个世界都有益。

曾经有人做过这样一个有趣的实验：将四只猴子关在笼子里，笼子外面放一串香蕉，当有猴子想要去拿那串香蕉时，实验人员就用电击打猴子，让它感觉到疼痛。每只猴子反复尝试了几次之后，都知道接近香蕉就会遇到危险，于是再没猴子打香蕉的主意了。在这之后，实验人员又将一只新猴和四只猴子关在一起，新猴子被关进笼子之后也想去拿那串香蕉，但是四只猴子全都毫不犹豫地冲上去阻止它，手舞足蹈地告诉它接近香蕉就会有危险。于是第五只猴子也放弃了香蕉，然而实际上实验人员再没用电击过猴子。从实验里可以看出，五只猴子都具备实践的能动力，前四只猴子是经过反复实践亲自证明"靠近香蕉就会有危险"的结论，而第五只猴子完全没有实践，只是凭借前四只猴子的经验得知"大家都有危险，那应该就是有危险吧"，因此放弃了香蕉，这就是典型的经验主义。

在实践过程中，我们的确应该听取前辈的意见，只是当我们发现，前辈的经验不能解决问题时，就应该怀疑这种"经验"的正确性：对于前辈们来说这个结论是适用的，那么对于现在的自己来说呢？"用脚做学问"也是这个道理，之所以要大费周章地亲自走遍每一寸土地，是因为在这个地方总结出的结论和方法对其他地方不一定有用，真正有效的方法是因地制宜，而不是用片面的理论来解决全部问题。

中学生也应该具备这种大胆实践的精神，但是大胆不是鲁莽，而是有一定根据和基础地释放自己的勇气，探索对自己来说未知的知识。在学习上，一道题只有亲自做过一遍，才会印象深刻；一个公式只有亲自演绎过后，才能牢牢记住它的方法和步骤；一篇文章只有亲自品味过后，才会理解它的内涵。在生活

哲学100问

中,只有在尝试着煮过几次饭后,才会知道水和米在什么比例条件下煮出来才最好吃;只有在买过几次菜后,才会知道什么时候的菜最新鲜,什么样的菜做出来的味道最好;只有在烧过开水后,才知道天然气的正确使用方法和应该注意的安全事项……我们经过实践,才能获得知识,才能发挥知识的真正效用。

需要注意的是,在实践之前要具备必要的知识,在实践的时候不急不躁,细致观察,善于归纳,了解某个知识的来龙去脉,分析清楚与该知识点有关的理论,大胆假设,小心求证,如此才能得出令人信服的结论,自己也能受益终生。

实践的过程既是思考的过程,也是行动的过程,即使你是思想上的巨人,若在行动上畏缩不前,那么一切都毫无意义。不论在学习中,还是在生活中,我们都应该通过实践来不断充实自己,通过实践来验证课本上的知识,通过实践来成就更好的自己。"用脚做学问"就是用勤勤恳恳的态度,让经验随着时间的推移不断升华,让无形的东西变成有形的,让感性成就理性,做实事,做对事,将这种精神和生活态度持续贯彻落实,让我们的社会更快更好地发展。

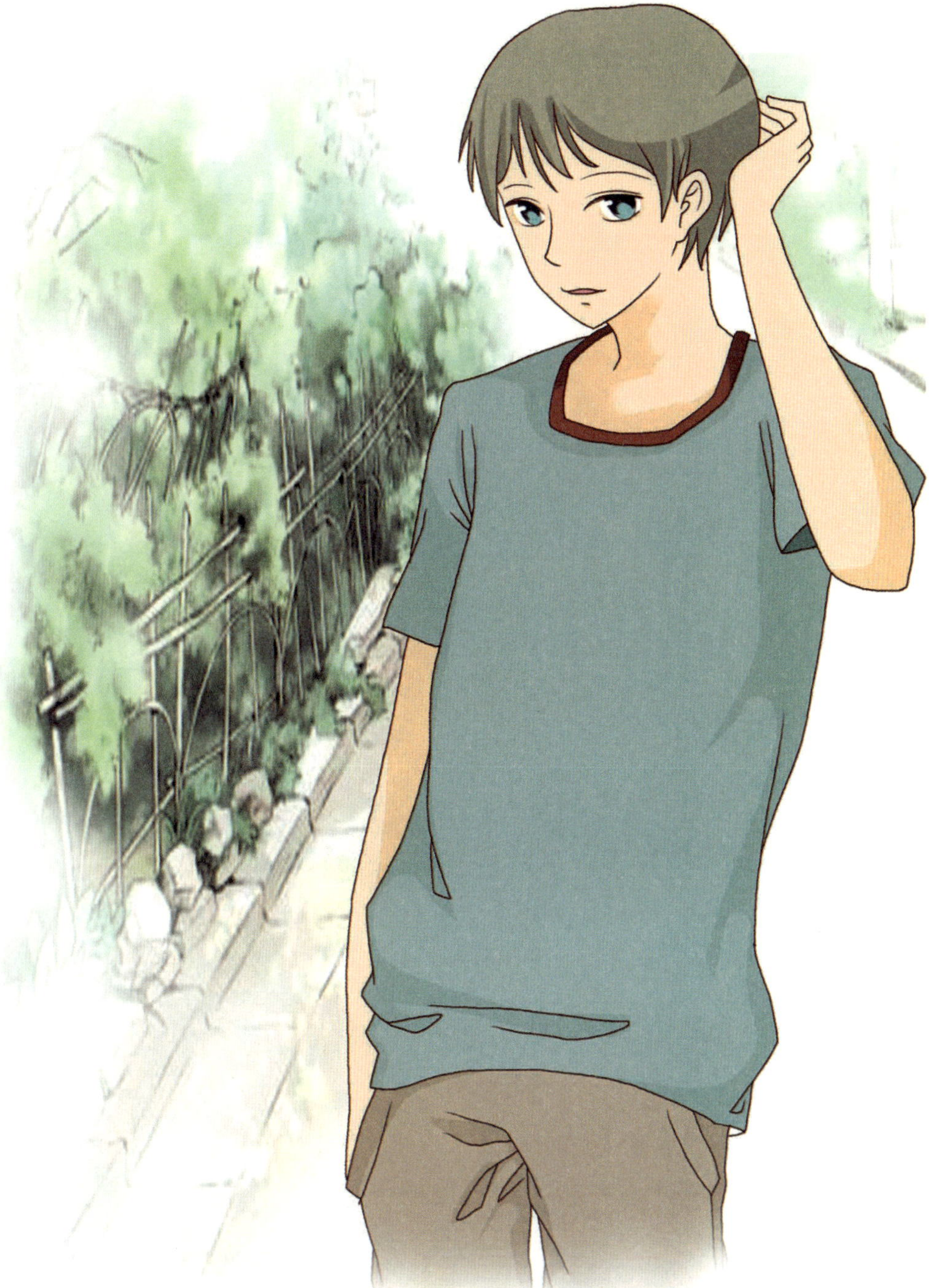

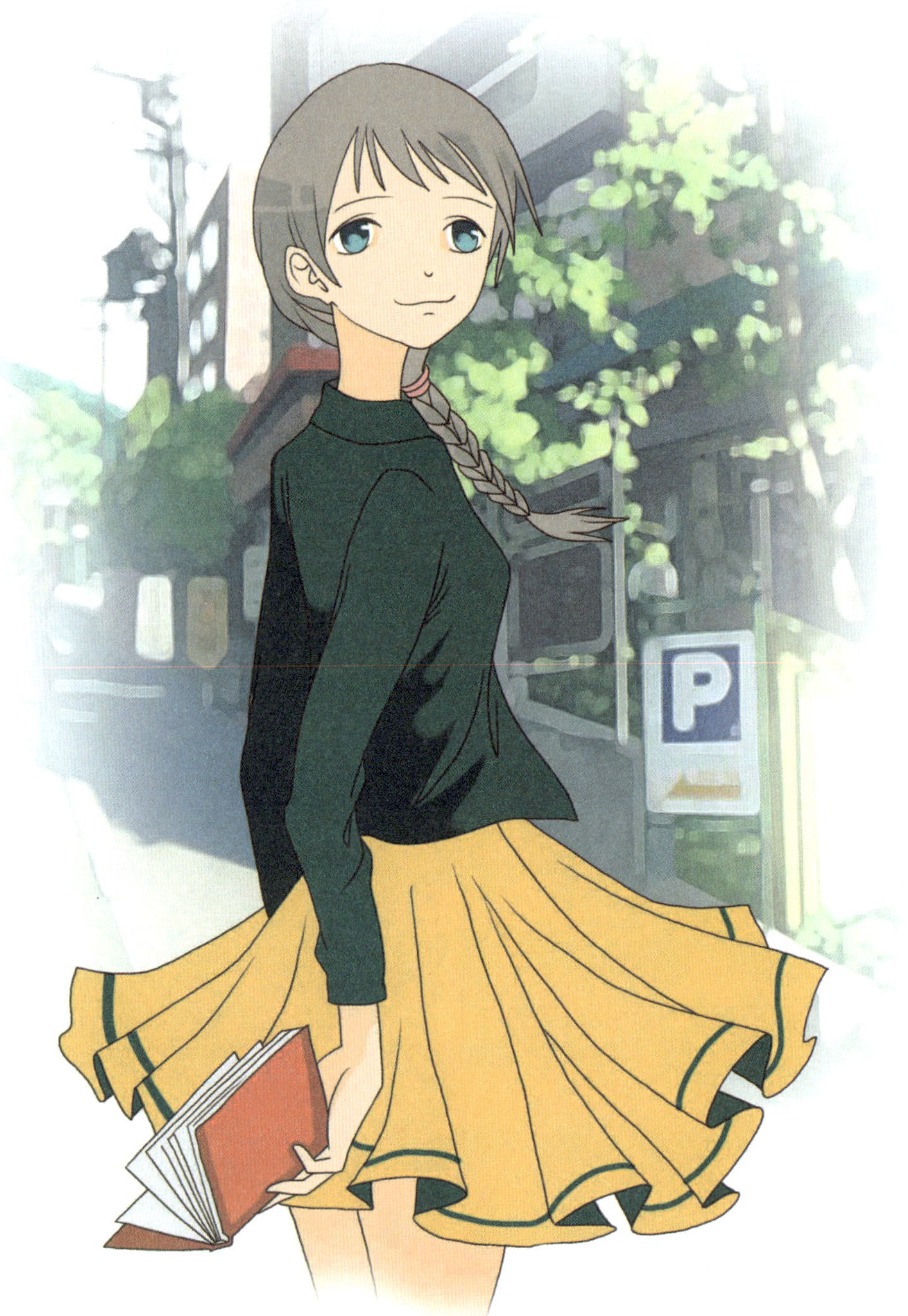
P